子どもを育てる

わたしの校長奮闘記

斎藤喜博に魅せられて

山内宣治 著

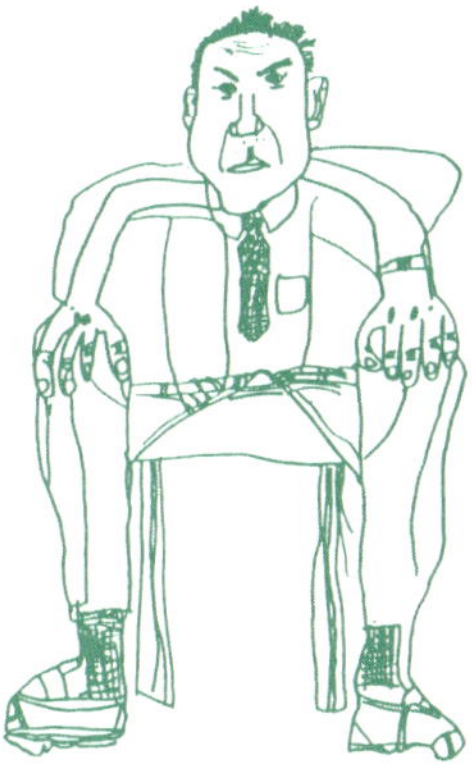

一莖書房

目次

1　大田小学校との出会い

昭和四十七年十一月十日、第二回大田小学校教育研究会。

私は、この日に大田小学校と出会った。

その当時、私は、三原市に住んで、広島県立本郷工業高等学校に国語の教師として勤めていた。そして、斎藤喜博先生が、広島県のどこかで講演されたり、指導に入られたりした場合、事情が許せば休暇を取って出かけ、斎藤先生から学ぼうとしていた。斎藤先生が校長だった境小学校の運動会を参観しに群馬県まで行ったこともある。もちろん、教育科学研究会という民間教育研究団体の夏の全国大会にも毎年参加し、斎藤先生が講師の国語分科会に出席した。

そんな私を知っている仲間の一人が、「斎藤さんが、世羅郡の大田小学校という学校に指導に入っておられるらしいで。」と公開研究会の情報を耳に入れてくれた。そんな程度の情報だったから、研究会に参加してみるまでは本当に斎藤先生が来ておられるかどうかも定かではなかった。とにかく私は、斎藤先生のお話を聞きたい、そして、できれば直接お目にかかって挨拶の一つでもしたい、ただその一念だけで参加した。それが第二回の公開研究会だったわけである。

だが、その公開研究会に参加していて、私は身体が震えた。

一年生の合唱で歌を歌い始める時、大きな口を開けて息を吸う。その息吸いの音が大勢の参加者の頭の上を飛び越えて、体育館の後ろにまで聞こえてくる。大きな口を開けてひたむきに歌うその姿がたまらなかった。涙でかすんで見えなくなった。私の長男の宗治がちょうど一年生だったので、この歌の中に私の子どもがいれば、とそんなことばかり考えて見ていた。

私の長男は、その当時三原の小学校に通っていた。

たぶん十月の初め頃のことだったと思うが、父親参観日とかで息子の学級の授業を見る機会があった。その授業の子どもたちは、先生の話も聞かないで、勝手に立ち歩いたり私語をしたりしていて、集中力のまったくない授業であった。私の勤める高等学校は、その当時全国を吹き荒れた学園紛争のあおりで相当に荒れていたのだが、私の目には、その授業風景と変わらないものに映り、愕然としたものである。

私の息子はと見れば、多くの子どもたちと同じように、上履きのかかとを折って引きずりながら歩いている。もちろん話も聞いてはいない。周りの様子を見ながら、みんなに合わせるような様子でおずおずと手を挙げていた。そして、たまたま指名されたのだが、その答えは前に言った子どもと同じ内容であった。すると、

「もう言うたカス。」

先生からそう一言でかたずけられてしまった。息子は、真っ赤になって座ったが、それ以後はうつむいたまま一時間中しょぼんとしている。その姿を見るのはつらかった。

家に帰って、

「靴のかかとを折って履くとは何事なら。お前は、ぼんくら高校生の二軍か。」

と厳しく叱ってはみたものの、本当は子どものせいばかりではないのにな、という思いは心の中で捨て切れなかった。

大田小学校に来る直前にそういうことがあったものだから、私は「教師」として研究会に参加しているはずなのに、一人の「父親」として公開研究会に参加していた。そして、とうとう世羅町に移り住んで、大田小学校に子どもを通わせることになったのだが、その時の様子を、斎藤喜博の個人雑誌「開く」第六集に、私は次のように書いている。

大田小学校に魅せられて

斎藤さんに会うのが目的で参加した公開研究会であったが、朝の学級会の合唱からずっと圧倒され続けの私は、もうすっかり大田小学校の子どもたちのとりこになってしまっていた。しかも、私は、自分が教師であるということなどはすっかり忘れて、自分の子どものことしか考えていなかった。目の前の子どもが自分の子どもであったらと思うと、どうにも涙が止まらないのだ。そして、「うん、もう決めた。もう決めた。」と、何度も何度も心の中で繰り返しながら合唱を聞き、マット運動を見ていたのだった。

そこで、斎藤さんに、

「この中に私の子どもを入れてみたいと、そればかり考えて見ています。」

と感想のつもりで言ったのだが、それについて、

「この事実はどこにでもあるというものではありませんからね。」

という斎藤さんのことば。これを聞いた瞬間に、私ははっきりと決意した。三原への帰途についた時には、「どうやって子どもを転校させるか」という問題で私の頭は一杯になっていた。

家に帰るなり、

「おい、世羅へ家を変わるぞ。」

と言って大演説。妻は、

「もうそろそろ何か言い出しはせんかと思ってひやひやしていたが、やっぱり。」と、半分あきらめ顔。通勤のこと、生活費がどうなるか、移転の方向で検討してみるという結論を得た。これで、最大の難関と思われた妻はあっけないほど簡単に落城。次に母。これも「そこまで考えられるアンタがうらやましい。」

と賛成の意。

ところが、伏兵は意外なところに現れた。その当時、私は幼稚園の後援会長をしていたのだが、その幼稚園の父母（同時に小学校の父母でもある）や先生、それに近所の人たちである。「教育パパ」や「孟父（?）三遷」は言うに及ばず、

「学校の先生だから良い学校を知る機会があるのだし、良い授業かどうかが分かるので、普通の親はそういう機会がない。先生の役得ですね。」

「身軽に変われるからうらやましい。諸々の条件で、変わろうと思っても変われない人の立場も考えて下さい。」

「そうやって良い学校へ転校させるというのは逃げています。どうして今の学校も、その学校のように良くする努力をしないのですか。」

「学校の先生が『大田小学校の方が良い』と言って逃げて行くのだから、後に残った親は今の学校が不安になります。何とかして良い学校だと信じようとしているのですから。」という批判や攻撃にさらされることになってしまった。そして時には、

「どんな子どもさんに成長されるか楽しみにしています。」

と皮肉られ、

「みんなで色々話し合った結果、『結局、山内さんは、ホントの先生じゃない』という結論になったのよ。」

と脅迫される始末。大田小学校の素晴らしい事実を語れば語るほど、そして、あれだけの事実を生み出す努力がどんなに大変であるかを説けば説くほど、私への攻撃は鋭いものとなって返ってきた。


私がどう言い訳しようとも、相対的にその小学校を否定しているのだし、それに私は教師なのだから、それは仕方のないことかもしれなかった。そして、私は、あの事実を見てもらわない限り、本当には理解されないだろうと思うのだった。私の転居通知が少しばかり言い訳じみているのは、そういう声を意識していたからである。

転居のお知らせ

大田小学校の実践に魅せられて、あの合唱の中に、あの授業の中に自分の子どもを入れてみたいという衝動を抑えることができなくなりました。そして、七年間住み慣れた三原市から二十八キロメートル離れた中国山地の奥に転居致しました。ここから毎日一時間半かけて通勤することになりました。

これについて、「猛父」だとか「教育パパ」だとか言われますが、私は別に「こんな子どもに」という期待をかけるわけではありません。期待をかけているとすれば、「斎藤喜博という人間との出会いを感じてくれたら」というはかない願いだけで、どんな子どもに成長しようとそれは子どもの問題だと考えています。ただ、親として自分の納得することをしておけば、将来、子どもに対して負い目を感じなくてすむと思うだけなのです。と同時に、私は、教育を見る自分の目に賭けてもいるのです。

ともあれ、この地は、「大田の庄」という由緒のある、公害のない、空気のうまい地（末娘の千枝は早くも野ツボに落ちましたが）ですので、ストレス解消にぜひお立ち寄り下さい。大田小学校の門の前のアパートですから、すぐ分かります。遅ればせながらお知らせまで。

私はこの転居通知で、本当は「教育を見る自分の目に賭けてもいるのです。」というところを詳しく書きたかった。つまり、「大田小学校の実践が素晴らしいと思ったから、その気持ちを転居という形で表現したかったまでで、そういう行為に移すに値するものであるかどうかというところに自分を賭けてみたかった。現象から見れば子どもの犠牲になっているようだけれど、子どもの犠牲になるほど立派でもないし、第一そんな美談めいた話になると自分が鼻もちならなくなってくる。」という意味のことを。

それはともかく、この転居通知について多くの人から励ましの手紙をもらった。特に、かつて一緒に仕事をした人たちからのものは、私には嬉しかった。「山内さんらしい」とか「山内さんなら分かる」という短いことばの中に、本当に理解してもらえたようなそんな気がするからだった。

引っ越しは三月二十五日。三原の空は青く晴れていたが、途中から激しく雪が降り出した。春だというのに、もう冬の寒さが思われて何となく不安な気持ちに襲われる。

だが、新居に落ち着くと、そんな不安な気持ちなんか子どもたちによっていっぺんに吹き飛ばされてしまった。新居（と言ってもアパート）の目の前が保育所で裏が小学校。遊び場にはこと欠かないものだから、昼ご飯も忘れて遊びほうけてばかり。テレビなんかはほとんど見向きもしなくなった。三原の路地で遊んでいたころのことを思うと、運動量は比較にならないし、まさに子ども天国である。

内気で気弱なところのある宗治は二年生に、おてんばの由紀は一年生に入学。学校が変わっても子どものことだから大丈夫だとは思うものの、それでもやはり何となく落ち着かない。

「やさしい校長先生よ。式が始まってから終わるまで、子どもを見てずうっとニコニコして、とっても感じが良かった。」

妻が校長先生にあこがれて帰って来たその日から一週間もたたないうちに、子どもたちはもう変わってきていた。

宗治が一年生の時には学校で習った歌なんか一度も聞いたことがなかったのに、学校から帰ると毎日、割れるような大声で歌い始めるのだった。便所に入っても、風呂につかっても、「サクラ、サクラ……」、「ウラウラと、のどけき春の……」と、そのにぎやかなこと。「ウルトラマン」や「ゲゲゲの鬼太郎」は完全に追放されてしまった。

「あ、お兄ちゃん。そこ違うよ。」

「分かった。分かった。こう歌うんじゃろう。」

と、ピアニッシュモで歌い直し。子どもたちのやり取りを聞いていると、学校でどんなふうに習っているのかが手に取るように分かる。日に何十回となく同じ歌を聞かされるのだから、次女の宣子はもちろん二歳に満たない千枝ですら覚えてしまって、「ヤクラ、ヤクラ……」と繰り返す始末。

それだけに、日一日と声につやが出、音程が確かになってくるのが、この私にもはっきりと分かるのである。それでも担任の先生の耳からすれば「山内君の声が、この頃、時々聞こえるようになりました。もう一つふっ切れないものがあるから、いつふっ切れるか見守っていますす。」という程度。

転校から半年たった今、妻も、「最初は合唱に圧倒されて考えるゆとりなんかなかったが、この頃は耳慣れてきて、一人ひとりの声が聞き分けられるようになってきたよ。宗治はまだまだだと思うねえ。」

ともらしている。

　五月だったであろうか、「まいにちよもう」という表を持って帰って来た。それには、読んだところ、読んだ回数、それを聞いて親の評価する欄などが印刷してあった。それから毎日、教科書の朗読が始まった。日によって五回とか八回とか、時には一回だけの日とか読まない日もあり、そこらは子どもの頑張り次第。十回以上読むと、その上に先生の印が押してある。多い時には二十回、読むなんてものじゃなく、覚えている。

　そうして一か月、由紀が小さい銀色の紙を貼ってもらって帰って来た。

「父ちゃん、これ見て。由紀ね、だいぶん頑張ったから、銀紙貼ってもろうたんよ。」

「へえ、すごいね、由紀ちゃんは。」

「でもね、ここらが抜けとるけ、まだ駄目なん。」

と、空欄になっている所を指さす。そして、指をピチンと鳴らしたかと思うと、

「ちくしょう！　こんどは金紙を取ったるんじゃけ。」

　聞けば、一日も欠かさずに読むと金紙が貼ってもらえるらしい。子どもにとっては、先生に印を押してもらったり、紙を貼ってもらったりでその努力を認めてもらうと、それが何よりの励みとなるようだ。

　校長先生はいつか「教師が工夫し、ちょっと手を貸すだけで、子どもは自分の力で伸びて行こうとするものです。」と話されていたが、大田小学校では、このような工夫がいろいろな所

に用いてある。水泳では、その泳力に応じて赤帽から白帽まで何段階かに分かれて進級するようになっているし、縄跳びでも一級とか二級とかに分かれている。

由紀は、ノートをきれいな字で書いてあるとかで初めて金紙を貼ってもらって帰って来たが、それからはノートに字を書くのが楽しみでもあるらしい。教科書を最初から書き写してみたり、「小さな小さなキツネ」という物語を全部写し取ってみたり、私の知る限りでは、一年生としては本を読む量も字を書く量も相当に多いはずである。

宗治が一年生の時には、漢字を十回書いてくる宿題で、「にんべん」なら「にんべん」ばかりを先に書いて漢字を「組み立てて」いたが、今では一字一字をていねいに書いている。五月頃の日記には「きたない字で書いてあるけど、いい子だね。先生にはちっとも読めないけどいいよ。」という批評をもらっていたが、今はもうそんなこともなくなってきた。「お父ちゃん、漢字を書くから、ここからここまで読んで。」とか、「書く順番はこれで良いか見とって。」と言って子どもの方から親を利用することもたびたびである。

夏休みになってプールが解放された。十二時半から二時までが小学生の時間だが、家の横がプールになっているので、子どもたちは時間になるとすぐ裸になってプールにつかっていた。ここに来るまでは五メートルがやっと泳げる程度だった宗治が、ある日、

「お父ちゃん、五十メートル泳いだよ。」

と、喜んで帰って来た。水泳時間はまだ半分残っていた。「僕は青帽になるんで。」と言って何

度か五十メートルに挑戦していたようだから、よほど嬉しかったのだろう。

「校長先生は『石にかじりついても』ということばが得意のようよ。」

と、何かの会から帰って来て妻が言ったことがある。が、子どもたちは、まさにその『石にかじりついても』という「生き方」を、この大田小学校で学んでいるように思われた。「頑張れば必ず報われる」からであろう。親から見ると本当に良く頑張るなと思うことがしばしばある。

宗治はその頑張りをまだまだ表面に出せないでいるが、それだけに五十メートルを泳いだ時は余程嬉しかったに違いない。由紀が教科書を最初から書き写した時には、十一時になっても泣き泣き頑張っていた。「またあした頑張ってね。」と寝かせたところ、朝、親が目を覚ました時にはもう起きて机についていた。そして、学校に行くまでにはとうとうやり遂げてしまった。こういう頑張る力を、身体の中にたたき込まれているような、そんな気がするのである。


夏休みに暇を見つけて二・三回プールを覗いてみた。その時、どうした偶然か、たいてい由紀の担任の先生と一緒になった。かなり年配のその先生は、いつも気持ちよく、

「プールの中に入って、遠慮せずに教えてやって下さい。」

と、迎えて下さった。私は、子どもたちのさまざまな泳ぎを見ているのが何よりも楽しかったし、じっと観察していればどうしても言いたくなることが見つかるから、その時に教えれば良いと思っていた。だから、たいていプールサイドに立ってじっと見ていた。

そんな時、一年生らしい赤線の帽子をかぶった子どもたちは、「おじちゃん、見て。」とか、「なんぼもぐるか数えといて。」とか言って、泳いだり沈んだりするのだった。時には、とんぼ返りをする子さえいる。それは、田舎の子どもとは思えない、伸びやかで、明るい、人なつっこい姿だった。しかも、一見バラバラのようでも、よく見るとどの子どももそれぞれの目的を持って泳いでおり、そこには、見事な統一と調和とがあった。

私が見た中に、指をいっぱいに開いて水をつかもうとする子や、平泳ぎで足の甲でもって水を蹴る子、手のかきと足の蹴りとのバランスの悪い子などがいた。私は、時々それらの子をつかまえては短く注意を与えたのだが、その時、その女の先生は、いつの間にか私のそばに来て、プールに身を乗り出されるのだった。時々うなずいたり、時には指を開いたり閉じたりしてみながら、次のように話されるのだった。

「私にはあれが見えないのですよね。校長先生は『一年生の時から正しい泳ぎを』とおっしゃるのですが、足首がどっちに向いているかも見えないのですから、子どもに気の毒です。言われてみれば『なるほど』と思うのだけど、教育では『見える』ということが大切なことなんですね。」

私は、こんな先生を素晴らしいと思った。そして、こんな先生に教えてもらえる由紀を幸せだと思った。私も教師として、この先生のようなことばが素直に出てくる教師になりたいと思うのだった。

「あのね、『と』と『が』なら二つで、『の』と『が』なら一つで良いんよねえ。」

夕食の時、突然、由紀が言い出した。が、どうもその意味が理解できず、「どうも分からん」と、面倒半分に逃げ口上。すると、

「でも、お父ちゃんは国語の先生なんじゃろう。これ、国語の問題よ。」

この時ほどギクッとしたことはない。うろたえて詳しく聞いてみると、「よし子さんと犬が学校に行きました。」という文を「よし子さんの犬が」にすると主語は一つになるがそれで良いかというのだった。「やったあ。やっぱし由紀の言うので良かったんじゃ。」と言ったところをみると、授業で相当な議論になったらしい。が、それにしても「国語の先生なんじゃろう」には驚いた。

そして、もう子どもからも逃げられない。自分が教師としてどんな仕事をするか、その事実しか子どもをつなぎとめられないだろうなと、そう感じるのだった。だから、もっともっと大田小学校の先生から盗んで勉強しなければと自分に言い聞かせるのだった。あるいは私は、このためにこそ、この「大田の庄」に引っ越して来たのかもしれない。

（S・48・12発行『開く』第六集より）

昭和五十一年の第六回全国公開研究会でもって、斎藤喜博先生のご指導のもとに開かれた大田小学校の公開研究会は終わった。だから、世羅町に転居してから四年間、長男の宗

治が五年生の時まで続けられたことになる。

実は世羅町に転居してみて驚いたことなのだが、あれだけの内容と規模の全国公開が開かれていながら、地元の人たちの中には、大田小学校を批判的に見る人が随分と多かった。「毎日歌や体育ばかりをやって、学力が低い」というものから、「全国に公開して、見かけは派手だが、子どものしつけがなっていない」とか、「小学校の教育内容から逸脱した高度なことばかりをやっているから、子どもが背伸びをして本当の基礎学力が身についておらず、大田小学校の子どもは中学校や高等学校に進んで学力が伸びない」などと言うもの、或いは「子どもをしんどい目にあわせて、子どもを校長の売名行為に利用している」「大田小学校が良い教員を抱え込んで離さないから、世羅郡の人事が停滞している」「大田小学校は提灯学校でしんどいから、大田小学校に転勤を希望する教員は一人もいない」などと言った山口博人校長の批判に至るまで、さまざまな声が、私の耳にも直接入ってきた。

しかし、その中傷非難の多くは、中学校や高等学校など教育関係者から出てくるものだと私には思われた。

そういう状況だったから、私が大田小学校を求めて転居して来たということは、「大田小学校というのは、そんなに良い学校なんですか」と不思議そうに聞く人がいるくらい、保護者にとっては相当にインパクトのある出来事であったらしい。

保護者だけではなく、大田小学校の先生の中にも、

「私たちは何も特別のことをしているわけではなく、ごく当たり前のことを当たり前にやっているだけなのに、それでも山内先生がわざわざ家を移って来られるというのは余程のことなんでしょうから、私たちは不思議な気がするんです。何か先生には申し訳ないような気がしているんですよ。」

と言われる方があった。大田小学校の実践のすごさは、身近な人たちにとっては、それほどに日常的であり、ごく普通のことだったということにある。だが、この先生を含めた地元の人たちの大田小学校に対する認識と、外部の人たちの評価との間には大きなギャップがあった。そういう状況の中で、私が大田小学校に唯一貢献できたと思うのは、私が転居したことが地元の人たちに対して大田小学校の素晴らしさを認識させる結果になったということである。

私が大田小学校に貢献できたのはこれだけであったにもかかわらず、私自身はこの四年間にずいぶん大きな財産をもらった。

例えば、子どもが大田小学校に転校してからというもの、斎藤喜博先生が大田小学校の指導に入られた時には、私は大田小学校の職員の一人という感じで、いつも自由に校内研修に参加させてもらった。時には、山口校長から「高等学校の授業はできても、小学校の

授業はできませんよ。山内さんもへそを出して、一度やってみたらどうですか。」などとけしかけられて授業をやらされたり、合唱の指揮までやらざれたりした。

そして、公開研究会の時には、保護者の一人として手伝いをすることはもちろんであるが、参加者の一人として毎年全体会で感想を求められもした。そればかりではなく、研究会の打ち上げには、職員の一人という扱いで、多くの研究者と共に参加させてもらった。

後に大田小学校の校長として赴任した時、何人かの人から、

「久しぶりに大田小学校に帰って来られて、どうですか。」

などと言われたものだが、その当時の保護者がそう勘違いされるくらい、私は大田小学校に頻繁に出入りしていたようである。

2　私の中の斎藤喜博

斎藤先生との出会い

私が大学を出て最初に赴任したのは、大阪府の能勢町立東中学校という学校である。その学校は、豊能郡といって大阪府が京都府と兵庫県との間に突き出したようなところにあり、大変のどかな農村の学校であった。最初にその学校を訪れた時、阪急電車の能勢口で乗り換えて能勢電車の箱に乗ると、やがて電車の窓から木の枝が飛び込むようになり、こんな山の中に家があるのかしらと思ったくらいである。電車は行けども行けども山の中で、終点からさらにバスに乗り換え、大阪にもこんな田舎があるとは思ってもみなかった。だが、バスから降りると学校に上る坂道の桜並木は満開で、私は小説の主人公になったような気分ですっかり気にいってしまった。さらに、校長の乾秀雄先生のお宅を伺うと、先生は麦わら帽子をかぶって畑仕事をしておられ、その飾らないお人柄がこれまた好きになってしまった。結局、その学校での三年間が私には忘れられないものになったのだが、その時の印象が強過ぎるせいか、自分から求めて中国山地の田舎の学校にたどり着いたような、そんな因縁めいた気持ちにさえなるのである。
それはともかく、大阪のその郡では向井宗一先生がリーダーとなって国語サークルが活発に活動しており、精力的に勉強会を開いていた。その活動の一つとして、昭和四十年八月、斎藤喜博先生をお迎えして公開研究会を開くことになり、夏休みではあったが、たまたま私に授業提案をする機会が与えられた。それが私にとっては斎藤先生との出会いであった。
その時の授業について、斎藤先生は『私の授業観』という本に、次のように書いて下さった。

いつであったか、関西のある山の中の中学校へ、若い男の先生の授業を見に行った。行ってみると、藤村の「初恋」という詩を教材にして、中学校三年生のクラスで授業をするというのでびっくりしてしまった。だれでも知っている詩だが、「初恋」という詩は次のものである。

初　恋

まだあげ初めし前髪の

林檎のもとに見えしとき
前にさしたる花櫛の
花ある君と思ひけり

やさしく白き手をのべて
林檎をわれにあたへしは
薄紅の秋の実に
人こひそめし初めなり

わがこころなきためいきの
その髪の毛にかかるとき
たのしき恋の盃を
君が情けに酌みしかな

林檎畑の樹の下に
おのずからなる細道は
誰が踏みそめしかたみぞと

問ひたまふこそこひしけれ

私はもちろん、この詩を中学生の教材にして悪いとは思っていない。けれども現在の普通の学校で、この詩を教材にして授業をすれば、おそらくクスクス笑いが出たり、にやにや笑ったり、冷やかしてしまったり、てれくさそうな顔をしたりするに違いない。現在の多くの中学校はそういう状況になっているからである。私はそう考えていたので、この若い男の先生の授業も、どんなことになってしまうのだろうかと思っていた。子どもたちがはずかしがって無言になったり、いやらしい笑いが出たり、ひやかし声などが出て、先生が立ち往生するようなことがなければよいがと思っていた。

しかし授業を見ていると、少しもそんなことはなかった。それどころか、まったく清潔でほほえましい感じの授業だった。義理にもうまい授業とは言えないものだったが、女の子も男の子も、自分で読みとった意見を、立ちあがっては真剣に述べていた。身体の大きい、にきび面の男の子が、「彼が」とか「彼女が」とかいって発言しているのだが、真面目に作品にとりくみ、自分の意見を述べているので、少しもいやらしさがなく、むしろほほえましく清潔な感じがするのだった。

こういう教材を使って、こういう授業ができるということは、やはりその教師の人間の力である。その教師の人間が子どもを動かし授業を動かしているのである。その教師の人間の力とか、子どもや授業への真面目な立ち向かい方とかが、子どもを動かし、授業を清潔なほほえましいものにしているのである。もしいやらしい教師がこの詩で授業をすれば、必ず子どもたちは、いやらしい面だけを出してしまうにちがいない。

この若い男の先生には、そのとき私ははじめて会ったのだが、その授業でみたように、素朴で暖かい素直な先生だった。そばにいるだけで暖かい素直なものが伝わってくるような先生だった。少しも肩ひじを張っていないのだが、ひたむきに追求しようとしているような感じの先生でもあった。これでは子どもたちが素直になり清潔になり、まっとうになっていくのは当然だと思った。私はその先生と、授業での子どもたちに強い印象を受けた。「初恋」という藤村の詩も、その授業によってまた新しく忘れえないものとなった。そして帰ってから、自分の勤めている学校の先生たちに、この先生のことや、「初恋」の授業のことを話した。

その後のことであるが、全国のある民間教育研究大会があったとき、その先生も出席していた。私の学校の先生たちも十数人が同じ会に出席していた。自己紹介があり、その若い男の先生の自己紹介が終わったとき、私は補足して「初恋」の詩の授業者であることを話した。すると私の学校の職員の席からざわめきが起こり、明るい楽しそうな笑い声がいっせいに起こった。「ああこの先生だったか」という驚きと感動の笑い声だった。まだ一度も会ったことがないのに、心に焼きつけていた人が、いま目の前にいることへの感動と喜びの笑い声だった。

私は授業というものは、この若い男の先生のような人間性が基本にない限り、どんなことをやってもだめなのだと考えている。少しは授業がへたであっても、ぬけているところがあってもよい。こういう人間的な先生に教わることによって、子どもたちは安定感を持ち、素直になり、真面目になり、物ごとにまっとうに打ち込むようになり、清潔な人間になっていくことができるのである。

人間的でない教師、冷たくてやせており、意地の悪い教師は、そこから出てくる鈍感さとか粗雑さとかがあるから、どんな方法をとったとしても、授業は荒く形式的になり、冷たくなってしまうものである。したがって子どもたちも、荒く形式的になったり、通俗的になったり、暗く卑屈になったりしてしまうものである。

（斎藤喜博著『私の授業観』より）

この「初恋」の授業をして以来、私は「斎藤喜博」という人間に魅かれ、斎藤先生が参加される研究会があると聞けば、お金のゆるすかぎり、全国どこへでも出かけて行って参加した。大田小学校はその中の一つである。

大田小学校に学ぶ

私が世羅町に移り住んでからは、大田小学校の校内研修にはいつも自由に参加させてもらっていたが、校内研修に参加させてもらうと言っても、ただ単に参観ではすまされなかった。授業検討の中で「山内さんはどう思いますか」と意見を求められるのはもちろんのこと、斎藤先生は授業中でも先生方の考えを聞かれることがあったから、うかつに聞いてはおれず、常に緊張の連続であった。各教室に張ってある絵を見てまわった時など、

「どの絵が良いと思うか、一つだけ選んで下さい。」

と言って全員に指名され、子どもの絵もピカソの絵も同じようにしか見えない私でも、背中に汗を流しながら何か言わなければならなかった。

斎藤先生は、時には授業もされた。万葉集の歌を使っての授業の時など、私が高校の教師であるということもあって、万葉集の歌や文法に関することでよく質問をされた。だから、日頃からその領域に関する自分の学力を高める努力を怠らなかったつもりではあるが、残念ながら、知識の量においても深さにおいても、どう逆立ちをしても斎藤先生には勝てなかった。

公開研究会の後の反省会では、いつも斎藤先生の司会で全員がスピーチをした。

「教師の話はくどいんだから、まったく。そんなくどい話を聞かされたら、子どもは頭が悪くなります。三十秒で話しなさい。」

誰かの話がちょっと長いと、そう言って時間の制限がつく。三十秒が時には一分になっ

たり、十秒になったり、その時の話題によってまちまちだけれど、そのおかげで、自分の言いたい要点だけを端的に言う力だけはつけてもらった。

また、斎藤先生が、「一分以内で話をしなさい」とか、「その話は、こうに言えば十秒ですむじゃないですか。そんなにくどくどと言う必要なんかありません」などと言われても、私には単に物理的な時間だけとは思えなかった。ジーンとくるような心を打つ話とか「へえー」と感心するような話であれば、少々時間が過ぎても話を途中で切られるようなことはなかったし、話の中に教育の本質にかかわる内容があったり、人間の生き方や芸術につながるものがあれば、後は斎藤先生が話を引き取ってふくらませて下さった。そんなところから、何を話すかにもセンスを要するような気がしていた。だから自分では、いろいろなことに興味を持って雑学をふやす努力もしてきたし、何よりも、自分の眼でものを見、自分の頭で考えてものをとらえることに努めてきた。そうすることで私は、斎藤先生に取り上げてもらえる話ができるかどうか挑戦した。が、いくら挑戦しても、斎藤先生という方には、とにかく借り物の知識はまったく通用しなかった。

旅館の霞荘での反省会と言えば、とにかく底抜けの明るさで、斎藤先生の指揮でポロポロと涙をこぼしながら合唱したことを思い出す。そして、中には神楽を舞う人もいた。

私は子どもの時から自分はオンチだと思い込んでおり、音楽のテストで独唱させられると、ピアノの横で鶴の首を絞めたような声しか出せなかった。だから自分では、歌は歌えないものだと信じていた。

そんな私に斎藤先生は、

「上手に歌おうと思うから歌えないのです。下手でもいいから、今の自分をそのまま出せば良いのです。へそを出して自分をさらけ出さない限り、自分が成長することはありません。」

と言われたことがある。その時から私は、とにかく自分から恥をかくことに努めた。そして、反省会ではいつも「広島カープの歌」をどなった。するといつの間にか山口校長と二人で肩を組んで、

「勝て勝てカープ、カープ、カープ、カープ、われらのカープ。」

とどなるのが宴会のプログラムの一つになっていた。それに、たとえどなるにしても、大田小学校の先生の間に入ると、私でも歌が歌えるようになっていた。そればかりか、時には「いい声をしていますね」などと誉められ、そのことばを素直に受け止められるようになっていた。

その私が、斎藤先生の指揮で「大田小学校よっぱらい合唱団」に加わると、高い声が出てくるから不思議であった。もっとも、私のどなり声が合唱のバランスをくずすのか、と

きどきパート替えを要求されるのはいつも私であったが、とにかく斎藤先生の指先を見つめていると、不思議なことに、あの高い声が出てくるのである。というよりは、私のからだの中から、声がすーっと引っ張り出される感じであった。その時には、のども痛くないし、からだから力が抜けて楽になったような感じがあって、言うなれば、魔法か何かにかかったようなものである。

その時私は、これを斎藤先生にしかできない魔法と考えてはだめなのだ。私でも、十年、二十年とかけて勉強すれば、斎藤先生のようになれるのだ。そのために、今はとにかく斎藤先生の指揮されるこの姿をこの目にしっかりと焼きつけておこう、と思って歌を歌った。

たしか北海道の室蘭に行った時のことだと思うが、斎藤先生にこう言ったことがある。

「斎藤さんのされることは、今の私には魔法としか思えないんですが、魔法だと思ってしまっては自分に進歩はないと思うんです。斎藤さんのされることの中にはきっと原理原則があるはずですから、その原理原則をつかめば、私にだって同じようにできるはずです。そう考えて、私のような若いものが勉強を重ねなければ、斎藤さんのされていることが、この世から消えてなくなると思うんです。」

するると斎藤先生は、

「そのとおりですね。だから私は山内さんのような若い人に期待してるんだし、大学の研究者の人たちにも期待を寄せているのです。

でもね、山内さん。私も山内さん以上に勉強していますからね、私とはますます差が開く一方ですよ。私の勉強は、勉強の量だけではないからね。私にはどうやったら良いか分かっているから、まわり道をしなくってすむんだ。同じ勉強をしても、私の方がたくさんのものを身につけることができるんです。勉強とはそういうもんですね。」

とおっしゃった。

私の言ったことは今も変わりはない。一歩でも、半歩でも斎藤先生に近づきたいと願って、斎藤先生から目をそらすことなく歩いて来た。願わくばほんの一部分でも良い、斎藤先生を越える事実を生み出すことができたら、と思ってきた。が、年齢を重ねてものが分かってくるにつれて、自分では越えることのできない斎藤先生の大きさが見えてくる。

公開研究会の反省会では、このように学ぶことが多かったし、大田小の先生方ともよく議論をした。だが、不思議なことに、その頃の井口美智子さんと教育について語り合ったという記憶はない。井口さんには次女の宣子も担任してもらったのだが、上手の言えない井口さんのことだから、私の子どものことについても彼女の口から聞いた覚えはほとんどない。その頃は、私の中で井口さんは「すごい先生」で、近寄りがたい存在であった。その井口さんと、津久志小学校でコンビを組んで学校作りをすることになるのだから、世の中は分からないものである。

「第一土曜の会」の事務局として

大田小学校の六回の公開研究会が終わってからは、斎藤先生は大田小学校に来られなくなった。そこで、時々斎藤先生に指導していただく機会を持とうということで、石光昭也先生を中心に「第一土曜の会」というサークルを組織した。最初は大田小の先生方の実践報告を中心に毎月一回の例会を持ち、霞荘を会場にしていたが、この会の発足間もなく、私が事務局を引き受けることになった。

私がこの会の事務局を引き受けた当初は世羅町から二十八キロも離れた高校に勤めていたので、二時までに霞荘に帰って準備をするのは、けっこう大変であった。のちに世羅中学校に移ってからも部活動でバスケット部を指導しており、県大会や中国大会の優勝がかかっている年などは、その方が気になって仕方がなかった。しかし世話人が抜けるわけにもいかず、それに、例会内容の決定や案内状の発送など、一か月というのはすぐにやって来るので、毎月の例会を続けるというのはとても根気のいる仕事ではあった。

だが、それを続けることができたのは、斎藤先生から教わったものをなくすまいとする思いだけだったように思う。斎藤先生につながるところで自分を引っ張っておかないと、バスケットの方にのぼせたり、他の方面に流されたりする自分の弱さを知っていたから、自分のために続けるほかなかったのである。それにもう一つは、いったんこれと思ったら食いついて離れない井口さんの一途さと人の良さに引きずられて、気がついてみると斎藤先生から直接教えを受けた者はいつの間にか井口さんと二人だけになっており、二人が中心となって会を運営するしかなかったという側面も確かにあった。

が、今考えてみると、「斎藤喜博」の中に教育のあるべき姿があると信じ、そして、この会を足がかりとしてただひたすらに自分をみがくことで「自分が今生きている」と感じてきたのだと思う。私にとっても、井口さんにとっても、「第一土曜の会」というのはそういう意味を持っていたように思う。

このサークルでは、小さい会は小さいなりに、決して派手ではないが、細く長く、地道に勉強を続けようと心がけてきた。例会や夏の合宿研究会の企画、連絡、司会などの運営面は私が行い、会員の実践に対するコメントや授業への介入など、実践にかかわることは井口さんが中心となってやった。そして、その井口さんがやったことを私が解説するという役割分担のようなものがいつの間にか定着していった。

この会では、国語を中心とする授業、教材解釈、合唱、表現、体育、行進、絵など、いろいろなことを取り上げた。もちろんどう指導するかということが中心となるのではあったが、単に技術をみがくという会にはしたくなかった。あらゆる領域を勉強の対象とすることで、「教育」とは何か、「子どもを育てる」とはどういうことなのかをつかんでもらいたいと思って運営してきた。だから、合唱は、入れ替わり立ち替わりみんなが指揮をして参加者全員で歌う。表現は、グループに分かれてみんなでつくる。行進もする。絵も描いてみる。その指導者には、参加者がお互いになった。そして、その指導の仕方について互いに批評し合うという、そんな感じの会であった。そんなわけで、参加者は傍観者の立場で参加ができず、常にはだかになり、緊張感を持っていなければならなかった。したがって、例会への参加の長続きしない人が多かった。

その中で、時によってはあぶら汗を流して合唱の指揮をするために、福山や広島から、遠くは島根県や山口県の方から通い続けて来る人があった。また福山の瀬尾春樹さんや岡田妙子さんのように、また校長になってもなお求め続ける沖森三治さんのように、地味で決して目立たないけれど、それぞれの困難な状況の中で、たった一人でも、粘り強く、じっくりと力を蓄えている人もいた。その人たちのためにも、私たちはその求めに応じなければならなかった。

井口さんは時々思い出したように言う。

「あの夏の合宿の時、阿部文康さんの指導で描いた『サツマイモの絵』を、今でもひっぱり出して眺めるんよ。あの絵を描く時人間としてサツマイモに対面していたような気がして、自分では納得する絵なんよ。阿部さんがあの時何と言ったか覚えてないが、阿部さんは何か本質的なところで指導してくれたんだと思うよ。」

このように、何かの折にふっと思い起こすものを残してくれる仲間である。

もう一つ、やはり夏の合宿で河原清貴さんが授業記録を出した時のことも忘れられない。河原さんの授業記録を読まれた宮坂義彦先生は、

「こんなに子どもを粗末にして、それであなたは平気なんですか。ただおしゃべりをさせているだけじゃないですか。子どもを大切にするということと、放任したままにしておくということとは違います。子どもに要求しなければ、子どもに力をつけることはできません。あなたは教師として何も仕事をしていないじゃないですか。」

と、子どもを人間として扱うとはどういうことなのか、子どもを育てるということは、子どもに力をつけるということは何をすることなのかを授業記録を前に具体的に話された。するど、四十歳になる大の男が、ボロボロと涙をこぼして泣きじゃくり出した。私は声のかけようもなく、どうなることかと見ていたが、河原さんは、

「今日は来て良かった。こんな機会を与えてもらって、ありがとうございました。」と、私にそっと頭を下げるのであった。そんな河原さんがまぶしかった。そんな思いをしてでも、なお河原さんは、その後の例会で授業記録を出し続けた。そして、今もなお永川静優さんや阿部さんと共に、広島市内の仲間を集めて地道に勉強会を続けている。

私は、授業が上手いとか、優れた実践記録を出すとかということよりも、粘り強くただひたむきに努力し続け、たった一ミリの成長を目指して生きる人間が好きである。第一土曜の会というのは、そういう人間の集まりである。そういう仲間に囲まれ、そういう人間の持つすばらしさを知り得たことは、私の財産だと思っている。

宮坂義彦先生と出会って

私が事務局を引き受けてからというもの、宮坂義彦先生には専任講師のような形でずっと指導して頂いてきた。

大田小時代からすると斎藤先生につながる研究者の方とはずいぶんたくさん出会っているはずなのに、宮坂先生とだけは今もって関係が続いているというのは、考えてみれば不思議である。結局は縁としか言いようがないのだけれど、何の実りもない私たちの会を見捨てないで今までずっと指導して頂けたのは、もしかすると私たちの会の性格によるのかもしれない。力のない者同士がひっそりと身を寄せ合って、分かったふりをせず、高望みもせず、自分の理解した範囲の中で自分のできることをする。そんな感じの会だからいつまでたっても自立できず、放っておけないというのが本当かもしれない。

第一土曜の会で宮坂先生に最初に指導して頂いたのは、昭和五十年代前半の三原での例会ではなかったかと思う。その時は宮坂先生にどのように指導してもらえばいいのかも分からず、国語の授業記録の分析をしただけだったように思う。その授業記録の分析と言っても、みんなで感想を出し合う程度のものだったから方向性も何もなかったと今にして思うが、それでも宮坂先生は誠実につき合って下さった。

それ以後もそんな感じの例会が続いたが、そのうち私たちは、「この会から宮坂先生は離せない」と感じるようになってきた。それは、宮坂先生の話されることばの内側に、宮坂先生の人間観のようなものが私たちの目にはっきりと見えてきたからである。「技術」を求めるのではなくして「子どもを育てる」というところで私たちをひっぱってもらえると直感的に感じたのである。

それに、どんな領域の問題でも事実に基づいて直接手をとって教えてもらえることも魅力の一つである。直接手をとって教えてもらえることで、私たち現場の教師は納得できる。

先生の言われることに対して、もし心のどこかで「そんなに言われれても本当にできるのかしら」と思ったとしても、実際に自分で直接指導され、言われることを事実として目の前に出されると、納得しないわけにはいかない。

そうした私たちへの指導のために、宮坂先生はものすごく勉強されている。本当に勉強家である。こうした宮坂先生を知れば知るほど、自分が謙虚にならざるを得ない。

さらにもう一つ。宮坂先生はとても厳しい方で、決して無理じいしたり、教え込んだりはされない。

「自分が苦労してつかんだものだけがほんもので、私は決して教えないのです。」

先生はよくそう言われる。そして、私たちが下手な考えを出して、それが違うと思われても、

「ああ、そうですか。山内さんがそう考えるのなら、それでいいでしょう。」

と言われるだけである。まったくつかみどころがないと感じることもある。だが、学ぶ者としてはとてもおもしろい。宮坂先生の考えておられることを探り探り宮坂先生に挑戦するのは、しんどいけれど楽しいことである。

私は、こういうところにも相手を自立した人間として認める先生の人間観を見る思いがして、私が子どもたちや先生方に対して何をすればいいのかが見えてくるのである。

井口流斎藤喜博

このように、第一土曜の会を足がかりとして斎藤先生から学ぼうと自分から求めて歩いてきたつもりであるが、本当に斎藤先生の目指しておられた教育がほの見えてきたと自分で思うようになったのは、例会への行き帰りに井口美智子さんと話をするようになってからである。

五十二歳まで運転免許を持たなかった私は、井口さんの若葉マークの車の助手席で、それぞれの学校で今やっていることの報告や、その日見た授業の話に花を咲かせるのが常であった。話の内容によっては途中の喫茶店に寄って議論の続きをし、椅子から立ち上がって歌を歌いながら指揮の練習をしたり、椅子を相手に跳び箱の実演をするということさえあった。考えてみれば何とも不思議なフルムーン・カップルである。

その話の中で、「具体的に読む」「事実」「開かれる」「教師の傲慢さ」「清潔な子ども」「核」「教材解釈」等々、斎藤先生の使われたことばをその日の事実と結びつけて具体的に教えてもらった。つまり、「具体的」ということば一つを取ってみても、実際の授業と結びつけて具体的なイメージとして持つことができなければ、分かったとは言えない。ことばを知っており、そのことばを使うからと言ってそれは決して分かったことにはならないのだ、ということを学んだ。例会に通いながらこのような分かり方を覚えることで、私は、斎藤先生の目指された教育が一つひとつ見えてきたような気がする。

とはいえ、人によって「斎藤喜博」の受け止め方も違うだろうし「斎藤喜博」に見てきたものも違うだろうから、同じ「斎藤喜博」とか「斎藤先生の目指された教育」と言っても、その内容にはずれがあると思う。そういう意味では、私の言う「斎藤喜博」は「井口流斎藤喜博」だと言ってもよい。

「井口流」と言うのは、井口さんは井口さん自身の目で斎藤先生が目指しておられたものをとらえており、そこから目をそらさないで彼女の事実を創り出していると思うからである。今の私は、その彼女の斎藤先生のとらえ方と、彼女の実践とに影響を受け、その目で「斎藤喜博」を見ている。もし私が井口さんに出会わなかったならば、今頃私は「斎藤喜博」に授業の技術だけを見て、子どもを育てることに目が向かなかっただろうと思う。そこには、私のようにあこがれてきたものと、井口さんのようにへそを出して直接事実から学んだものとの、分かり方の差からくる重さの違いがあると思っている。

その後、山口博人校長が大田小学校の校長から統合したばかりの世羅中学校の校長になられた。私は、山口校長のもとに行けば、斎藤先生にもう一度授業を見てもらって直接教えて頂けると考えて、本郷工業高校から世羅中学校へと転勤した。その私のねがいは結果的にはかなえられなかったが、世羅中学校での三回の公開研究会を通じて、山口校長に「高等学校で授業ができても、小学校の授業はできない」と言われた意味が分かってきた。

公開研究会では、遠藤周作の小説『役立たず』とか、大江満雄の詩「四万十川」、八木重吉の詩「素朴な琴」などを教材にして授業をした。

素朴な琴　　　　八木重吉

この明るさのなかへ
ひとつの素朴な琴をおけば
秋の美しさに耐えかねて
琴はしずかに鳴りいだすだろう

この詩で授業をするにあたって、私は次のような解釈をした。

この詩から感じるのは、純粋で、しかも、心が震えるように繊細な重吉の心であり、同時に、楽天的とも思えるほど底ぬけに明るい重吉の心の持ちようである。

秋の明るさが続いていた中で、重吉はこの日、「きょうはひときわ明るい」と感じたのに違いない。彼がそのひときわ明るい明るさの中に身を置いた時、すっと心に浮かんできたのが「琴」であった。というのは、重吉にとっては、秋の明るさにいちばんぴったりくるのが「琴」のイメージだったからである。その「琴」とは、木目もあらわで、誰の作とも分からぬような小さな「琴」であったように思えるが、それでいてその「琴」は自然の中にそのままおけるばかりか、秋の明るさを更に引き立たせるようなものであったと思う。重吉は、その「琴」は秋があまりに美しすぎるから今までの状態を破って「しずかに鳴りいだすだろう」と考えているが、そう考えることによって重吉の心は更に明るくなっていったのだと思う。身体の弱かった重吉は、身体的には暗いはずの日常にありながら、明るさに目が向き、明るさを喜んでいる。このように明るさをつかまえることのできる重吉の性格はとても明るい。

また、重吉の心は、空気の震えのようなものにゆれる、耳ではとらえきれない微かな糸の音を聞き取ることができるほど澄みきっている。この繊細な感じ方は、身体が弱いということによって生み出されているのであろうが、その繊細さが重吉の中では澄み切った美しさを生み出す方に作用しているように思う。

この解釈の場合もそうであったが、教材研究とか指導案の検討はいつも井口さんに手伝ってもらった。

「山内さん、またいびってあげようか。この詩で、何がやりたいんね。」

「八木重吉の純粋さ？　ちょっと甘いんじゃない？　八木重吉の純粋さを理解させたとして、それで子どもにいったい何が育ったことになるん？　子どもが八木重吉は純粋な人だなあと感動したら、あんたはそれで満足？」

こういう問いかけから始まって、しつこく徹底的にいびられる。私の言うことをいちいちメモして理詰めで追求されるので、うかつにものが言えない。だから今度は突っ込まれないようにことばを選んでしゃべるのだが、そうすると彼女は「警戒したな」と言って大喜びする。

だが、こうして鍛えられることで、授業に限らず何をするにしても、子どもにどんな人間になってもらいたいのか、子どもの何を育てようとしているのか、と常に自分に問いかけなければならないということを背骨にたたき込まれた。そして「ねがい」を持ち、「何をしたいのか」さえはっきりしておれば、方法や技術は必然的に生まれてくるものであるということを知った。

それにまた、この教材研究で、ことばを惜しんで使うことも教えられた。井口さんが私の言うことにこだわり、「ちょっと待ってよ。『この』って、何?」などとしつこく追求してくるのは、私の使うことばに具体性がなく、あいまいな時である。例えば「秋の美しさ」ということばは、私にはそのことばを使えば胸がきゅんとなって簡単に分かったつもりになってしまうのだが、授業では、それでは子どもを動かすことはできない。何と比較して美しいと言えるのか、周りにはどんなものがあるのか、その色は、形は、時の流れはないのか、琴を照らす明るさとその周りの明るさは同じなのかどうか、などと一つひとつ具体的に見ていって、それらが全部合わさって「美しい」と言うのだ、というふうに持ってこなければ、単なることば遊びになって上滑りしてしまう。そして何よりも授業をするには、教材研究の段階でそこまで考えて用意しておかなければ、子どもの言った大切な発言を聞き逃がしてしまうことになる。子どもの力を引き出すとは、教師としてそういう努力をすることなのである。

私にそういうことが分かってくると、ことばが抽象的であればあるほど、しっかりとした具体的な根拠を持たない限り、うかつにことばが使えなくなってきた。そして授業を通じて、もっともらしいことばを使うことで分かったつもりになることの怖さを知った。

ところで、私から見ると井口さんは私をいびるのが趣味かと思えるほど、自分の口からは自分の解釈はほとんど言わない。

これについて最初は、私を主体的な教師として鍛えるために言わないのだと思っていたが、本当は井口さんにも良く分かっていないからだということが分かってきた。教材に向かうと、彼女には、直感的に何かがあると感じる鋭さがある。だから、その自分の中にある「感じ」と私の言うこととがぴったりと来ない時には、納得するまで徹底的に粘る。要するに、私を使って自分の中にある「感じ」を明確にしたいのだ。

井口さんの言い方をそのように分かってくると、いびられることが苦ではなくなってきた。むしろ、いびられることで意外な結論に達することが多かったし、それに何よりも、井口さんが何を言おうとも自分はこう考えるのだ、という確信を持つことができたので、ことばは悪いけれど、いびられることで安心ができた。

子どもの叱り方

世羅中学校の公開研究会では、教材研究のほかにも表現や合唱の指導など、井口さんにはずいぶんとお世話になり、いろいろなことを教えられた。合唱の指揮の仕方、子どもの歌声の聞き方、表現のつくり方など語ればきりがないほどある中で、一つだけ最も大切なことをとりあげるとすれば、子どもの叱り方であろう。

「こらあ。笑うてごまかすな。自分に自信がないからニタニタと笑うて隣に話しかけとるんじゃろうが。隣を引きずり込むんなら、こっちに出とけ。」

学年合唱の指導に来てもらった時、百四十人の中学生を前に、彼女が小学校で担任した男の子を名指しで、頭ごなしに怒鳴りつけた。それまでザワザワしていた生徒は、そのド迫力で水を打ったように静かになる。

「中学校の先生も悪い。山内先生、腹が立ったら、なんで怒らんのね。真正面から生徒にぶつからずに、口先で動かそうと思うから、子どもを逃がしてしまうんでしょうが。」

「こら。こっちに出とけと言うたでしょうが。出るんか出んのか、どっちにするんね。」

「前に出る。」

男の子はそう言うと、ふてくされたような格好で合唱台から降りて来る。

「そういう素直さがええ。しばらくそこに立って見ときんさい。」

それからは何事もなかったかのようににこやかな顔で歌わせていたが、しばらくすると、

「いつまでそこでふてくされとるんね。歌いたいんか、歌いたくないんか、どっちね。」

「一緒に歌いたい。」

「歌いたかったら、早うそう言うて入れ。自分のことじゃろうが。」

男の子はスタスタと合唱台に戻り、すぐに真剣な顔で歌い始めた。私には、合唱台から降りて立つことも、再び戻って歌うことも、きっかけさえつかめば自分で決めるのが当然のこととして自然にふるまえることが不思議であった。それに、みんなの前で名指しで怒鳴られながら何のこだわりもなく素直に歌えるということは、私には信じられない光景であった。子どもから逃げないで子どもに真正面からぶつかれば子どもには通じるのだと思った。

また、三年生の表現で「利根川」をやった時にも、こんなことがあった。

体育館でグループに分かれて練習している時のこと、「笛の音が聞こえ、人びとは」という曲のところで踊る五・六人の女の子のグループが、ひときわ大きな声をあげて遊んでいた。そこで私は、

「やる気があるんか。みんなはこれだけ真剣にやっとるのに、やる気がないんなら帰ってしまえ。」

と怒鳴りつけた。体育館は、一瞬しんとなる。すると別のグループを指導していた井口さんが近づいて来て、

「どうしたん？　どのようにやったらいいんか分からんのじゃないん？　私が見てあげるから、やってみんさい。どこで困っとるんね。」

そう言ってステップを教えはじめた。私が怒鳴りつけた時のあのぶすっとした女の子の、パーと晴れた嬉しそうな顔といったらなかった。

その練習が終わって聞いてみた。

「同じように子どもが騒いでいるのに、合唱の時と表現の時とで、どうして叱り方にあんな差ができるん？」

「だって、子どもの心を見れば分かるじゃんか。

合唱の時の男の子は、自信がなくて、不安があるから、隣と話をすることで不安を隠そうとしていたんで、不安と対決せずに自分をごまかしていたんよ。そういう不安を抱えた者がいっぱいいるから全体がザワザワしていたわけで、その仲間の手前、彼は自分だけ力を出して歌うわけにはいかんのよ。彼らも格好をつけにゃならん。

そんな自信のない者には怒鳴ってやって友達と断ち切ってやる必要があるんで、怒鳴られると、『あの婆さんに怒鳴られたけ、しょうがなしに歌うてやった』という言い訳をしながら歌うんよ。いったん歌い出したら、教師が歌を良くしてやって『よう歌うたね』と喜んでやれば、自分一人の力で歌うた気になって得意そうな顔をするんじゃけ、子どもってておもしろいよ。

今日の表現の女の子はね、自信がないからわざとはしゃいでいたというのは、彼女らの様子を見れば分かるじゃない。はしゃぎながらチラチラとこっちに視線を向けていたでしょう。ふざけるのはこっちに目を向けてほしいというサインなんじゃけ。彼女らは、わざとはしゃいで怒鳴られるように仕向けておきながら、本当に怒鳴られると、『私らの気持ちが分かっとらん』と言ってむくれたでしょう。」

「同じ叱るにしてもね、子どもの心を育てる叱り方と、そうでない叱り方とがあるんよ。騒いでいる子どもに、『うるさい、静かにせえ』とか、『みんなの迷惑を考えんのか』と言うのは、『みんな』を持ち出してはいるけれど、本当は教師が指導に困るから、教師自身の都合で怒っているんであって、それでは子どもを育てることにはならない。子どもの心には届かない。

だけど、『笑ってごまかすな』とか、『自分の心に恥ずかしくないのか』、『自分はそれで満足なのか』、『人の目はごまかせても、自分の心はごまかせんぞ』という叱り方だと、子どもは自分の心を見つめなければならないから、自分で自分を育てる子どもができるんよ。だから、子どもの叱り方は、とても大切よ。」

私は教師になってこの時まで、子どもの叱り方をこのように教えてもらったことはなかった。

教師が一人の人間としてどれだけ誠実に子どもと向き合えるか。そのためには、子どもに寄り添って子どもを見なければならない。そんな斎藤先生の精神を、叱り方を通しても学んだと思った。

3　津久志小学校で校長修業

青天のへきれきとは、まさにこのことである。

甲山中学校の教頭をしていた私は、一九九三年（平成五年）六月八日、突然、田坂明道校長に呼ばれて「六月十一日付けで世羅町立津久志小学校校長として赴任することになった」と告げられた。

津久志小学校の重森誓三校長は病気療養中で休職されるということは知っていたが、教頭は井口美智子さんがしており、私は、当然彼女が校長に昇任するものだと思っていた。それに、私には中学校や高等学校の経験だけで小学校での経験はまったくなく、その私に白羽の矢が立つなどとは思ってもみないことであった。もちろん私には小学校教諭の免許はない。

田坂校長から「おめでとう、良かったたね」と言われても、実のところ喜びに近い感情などまったく沸かなかった。誰もが井口さんが校長に昇任すると思っている中での意外な人事だったので、私には井口さんには申し訳ないという思いの方が強かった。

校長出発の日

六月十一日、金曜日。辞令交付式。内示を受けてからわずか三日後の赴任で、実に慌ただしい転勤であった。

新しく赴任した津久志小学校は、中国山地の中の、周りを緑に囲まれた山の学校である。標高四百二十メートル。日本海に流れる江の川水系と、瀬戸内海に注ぐ芦田川水系との分水嶺に位置している。学級数は一・二年生と五・六年生が複式の四学級で、全校児童四十六名、教職員八名の小さな学校である。

松浦義人教育長の話によると、三年前に井口さんが来るまでは郡内十三校の中で最も荒れた小学校だったということである。井口さんのおかげで今やっと学校が軌道に乗りかけたところで、教育委員会への苦情もだいぶ減ってきたとのこと。前任の重森校長が一番しんどいところをやってきたのだから、そのことを忘れないでほしいということであった。

最初の就任式の挨拶では、親しみを感じてもらえればと思って、私の少し薄くなった頭の話でアピールしてみた。だが、子どもたちは控え目にニコッとするだけで、あまり反応はない。式が終わると、何か声をかけたそうな様子はするのだが、近寄って来るものはいなかった。おとなしい、というのが第一印象であった。

ちょうどその日の午後、クラブ活動があって、私は体育館で女子のバドミントンを見ることになった。黙って見ていると、六年生がリーダーとなって活動している。

「準備運動をして下さい。」

一、二、三、四と皆で号令をかけながら、手だけ動かすような感じでラジオ体操をする。

「次に、打つ練習をして下さい。」

リーダーのことばで乱打らしき練習を始めるが、ポンと打ったらそれっきりシャトルは帰って来ない。どのペアーもラリーは三回と続かない。中には、一回もシャトルにさわらないまま交代する子もいる。私は見るに見かねてすぐ近くの組の子にラケットの扱い方を教えるが、隣の組の子は寄って来るでもなく、横目でジトーと見る感じで、こちらの様子を伺っている。それでも何分かすると、

「今度は、二つに分かれて試合をして下さい。その前にルールを確認して下さい。」

何やらヒソヒソ話し合っていたかと思うと、黙ってジャンケンをし、試合が始まった。

活発に動くのは六年生だけ。五年生や四年生のほとんどはただ立っているだけで、積極的に手を出そうともしない。もちろんラリーは続かない。嬉しそうな顔をするでもなく、無表情で、声はほとんど出さない。

それでも時間が来ると反省会が始まる。評価表に従ってハンセイは続き、書記がマルをつけていく。

「今日のクラブ活動は楽しかったですか。」

「はい、楽しかったです。」

みんな声をそろえて言う。私は、「うそーっ」と言いたかった。まったく信じられない光景であった。

決められた様式にしたがって、滞りなく流れていく。リーダーのことばも、反省の項目も、教師のことばを借りて言わせられているだけである。私がそんな思いを口に出せば、新しく来た学校にケチをつけて自分の存在を誇示することになるので、その時は何も言わなかったけれど、小学校の先生は、これを「自主的に活動している」とか、「主体的な子どもの姿である」と考えているのだろうか。もしそうだとすれば、それは違う。私の感覚とは違う、と思った。

体育館の入口で、四年生の恵美ちゃんに聞いてみた。

「面白かったかい。」

「面白くないよ。」

「もうちょっと声を出して、暴れりゃええのに。」

「でもねえ、失敗したら六年生がにらんでんじゃけ。」

子どものおとなしさの中に、何か暗い、じめじめとしたものが流れているような気がした。井口さんが担任してきた子どもたちのあの底抜けの明るさを見てきているだけに、井口さんがついていいながらまさかこれほどとは思わなかった、と言うのが正直な気持ちであった。


子どもたちが帰った後、校長室で職員の歓迎会があった。

「ここの学校は、ビールが三本もあれば充分なんですよ。」

と言いながら乾杯。

井口さんは、もういつもの井口さんで、私のことをユーモアを交えながら、あれこれと先生方に紹介してくれた。私は挨拶の中で、「校長先生」と呼ばないでほしい、とお願いした。それは、何も斎藤喜博先生の真似をして言ったわけではない。実は、井口さんへのメッセージであった。井口さんから「校長先生!」と呼ばれると、お尻がムズムズどころではない、身が縮む思いがする。

ところが、井口さんは、わざと大きな声で、

「コーチョー先生、どうぞ！」

と、酌にことよせて私をからかうのである。

「言いんさんなや。」

「だって、校長なんじゃもん。仕方がないじゃ。ねえ、皆さん。」

そう言って舌をペロリと出し、ミルキーのような顔をする。そういう二人のやり取りがその場の空気を和らげたのか、それぞれのスピーチは爆笑につぐ爆笑で、とても楽しい会となった。中でも、元泉小百合さんのスピーチが印象に残った。

「私の趣味は、草取りなんです。だって、お墓の周りの草を抜いていると、気持ちが落ち着くんですよ。」

お寺に嫁いでいる彼女は、笑いを取るために言ったわけではなかった。私は、真面目な顔をしてそう言ってのける彼女の初々しさと、とぼけた味に、何か人にはない魅力のようなものを感じた。その元泉さんのスピーチに対して、

「なにーっ、それ。本気ねぇ。」

と大合唱する自称「農家の嫁」たちは、草取りのようなしんどい仕事は、いかにうまく亭

主を操って押しつけるか、というコツの披瀝で、爆笑に継ぐ爆笑の渦。この歓迎会で、いっぺんに私の固さがほぐされた感じであった。

ゴールデン・コンビ誕生

ところで、私と井口さんとが校長と教頭のコンビを組むようになったことについて、私の耳に入ってくるかぎりでは、とても好評であった。すでに退職されている先輩校長の中には、「教育長もなかなか味なことをする」と言って好意的に見て下さる方もあったし、「井口さんとあんたなら、面白い学校ができるわい」などと励まして下さる方も少なからずあった。井口さんのご主人も、「名コンビの誕生で、めでたいこっちゃ」と心から喜んで下さったし、サークルの仲間たちは、「ゴールデン・コンビが生まれた」と大きな期待を寄せてくれた。

このように、井口さんと私とが同じ学校で仕事をすることになり、それを「名コンビ」とか「ゴールデン・コンビ」と言われてそれなりに期待されるのは、井口さんと私とは共に斎藤喜博先生とつながって、長い間、二人で一緒に勉強してきたからである。

だが、私としては「教育という仕事の奥の深い世界」という意味での「斎藤喜博」は、そのほとんどが井口さんを師匠として学んできたものである。常々そう思っている私の頭のコンピューターには、とてもではないが「教師としての実力ははるかに上で、しかも年齢の多い彼女をさしおいて私が校長になる」というようなプログラムはひとかけらもインプットされてはいなかった。だから、周りの人から見ると「名コンビ」であり、「ゴールデン・コンビ」に見えるかもしれないけれど、内心ではとても気が重かった。とにかく今までのように月に何回かの付き合いではないのだから、これからは毎日緊張し続けていなければならない。

津久志小学校に赴任しても、しばらくは前任校の離任式や何かであわただしかった。辞令が出てちょうど一週間後の十八日、町の校長会があった。そこで、新聞に学校の記事が出れば子どもや地域の人々も誇りを持つようになるので、新聞に載るようなことを考えるのも校長の仕事である、というアドバイスをもらった。

六月の中旬には学校の近くの山には山百合の花が咲き、津久志小学校では、四十年も前からその山百合を採集して病院やひとり暮らしの老人の家に届ける「山百合訪問」というのを続けている。それがさっそく写真つきの記事になった。おかげで郡外への転勤挨拶は出さなくてすんだようなもので、かなりの電話をもらった。その反響の大きさを思うと、校長は新聞に載ることも考える、というのも分かるような気がしたが、こういうことは私のまったく関心の沸かない領域なので、「なるほど」と妙に感心してしまった。

ところで、井口さんは私が暇そうにしているのを見つけると、たいてい、

「校長先生、お暇でしたら教室を見てまわったらいかがです。」

と、わざと丁寧に、冗談のように言った。養護教諭の小川富恵さんや、その時は有田安子さんの代わりに来ていた事務の小田久美子さんの手前おどけて言ってはいるが、目は笑ってはいなかった。時には私を誘って一緒に放課後の教室をまわり、掲示物や模造紙に残された授業の記録を見て歩いた。

「山内さん、これを見てどう思う？　こんな授業をしておって、子どもが悪いのは地域や親のせいだと考えているんじゃけえね。」

そう言われてよく見ると、模造紙に書いて張ってある文学教材の授業は、接続詞に「順番のわかることば」と朱書してあるものや、代名詞の指示しているところに向けて線を引いたもの、あるいは「主人公の気持ちがよくわかる文」などと注の入っているのを見るかぎり、追究とは程遠い、主として文法的な知識の注入か、内容の解説のような授業に思われた。

とにかくこんな調子で、井口さんとは、朝会のあとの教室への入り方から掃除の仕方に

いたるまで、眼の前の事実から何を見るかについてよく話し合った。正直なところ、私は中学生と比較する目しか持ち合わせていないので、井口さんの言うことが理解できないことも多かった。が、子どもについて言えば、少なくとも生き生きとしているようには見えなかったし、それに、担任の先生のやっていることは、子どもを上から見下ろしていて、いかにも「教えてやるんだ」というように見えた。さらに、先生方は自分の殻に閉じこもっている感じで、井口さんもなかなか授業には入れないようであった。そのことを井口さんは、

「田中さんや元泉さんは拒否反応を示すし、宮本さんは返事だけは聞いたふりをして結局は何もやらず無視する。」

と嘆いていた。ただ、五・六年生の見藤孝二さんの学級だけは音楽や家庭科の授業に出ているということもあってか、

「うちが行ってあげよう。」

と言って、かなり自由に入っていた。それについて見藤さんは、

「教頭先生にやってもらうと子どもがピリッとして変わるんで、教頭先生にはかないません。」

と喜んでいた。

いずれにしても、最初は井口さんに後押しされるかたちで、子どもの様子と先生の動き、それに学校の中の人間関係を見ることから始めた。井口さんの言うように問題点はいろいろとあるけれど、先生方を見るかぎり、カラッとしていて、頭の良い先生がそろっているから何とかなるだろうという気はした。そういう私に、井口さんは、

「山内さんは希望を持っているんじゃけ、まあ、やってみんさい。」

などと、いかにも楽観的に過ぎるという様子で笑っているのであった。

最初の学校経営方針

そうこうしているうちに井口さんは、

「校長としての学校経営方針は、いつ頃出すつもりです?」

と言い出した。私は、それまで井口さんが意図的に積み上げてきたものがあり、実質的には井口さんの学校なのだから、私は井口さんの言うとおりに動いておればよいと考えていたし、井口さんにもそう伝えていたので、不意をつかれた感じであった。

「山内さんは口あたりの良いことばっかり言って、校長という自分の仕事から逃げてしもうとるよ。校長というのは学校の柱で、柱がぐらぐらしていたら学校は倒れるんで。校

長がしっかりとした方針を出して、きちんとかじ取りをしてくれんと、先生らは何をどうしたらいいんか分からんようになるんよ。

私自身は、とにかく『仕事』ができりゃええんじゃけね。私も校長の方針を見んことには、自分がどう動いたら良いか分からんから困るんよ。校長の方針を見て、私が校長さんを尊敬すれば、私は私の方法で、校長の方針にしたがって全力を尽くすつもりよ。反対に、校長の方針を見て、私が山内校長はこれだけのものかと判断すれば、あたりさわりのないところでそれなりにつき合ってあげる。じゃけえ、早う方針を出してや。」

厳しい指摘だった。校長が自立していないで何ができる。「主体的な子どもに」などとカッコイイことを言う自分が、言われてみればいちばん主体的でなかったのだ。

実は、それまでにも井口さんは、私が自分の主体をかけて学校の中を見ているかどうかということについてボールを投げてくれていた。鈍感な私はそれに気づかなかったが、職員室で二人が議論を始めると、というよりは私がやり込められるという方が当たっているとは思うけれど、とにかく二人が真剣に話し始めると、小川さんや小田さんは職員室からすーっと消えていたから、相当にピリピリとしたやり取りをしていたのだと思う。ボールを投げても投げても具体的な動きを始めない私に、とうとうしびれを切らして言い出したことばだから、きつくもあったが説得力があった。

校長になったいきさつはどうであろうと、自分が校長なのだから校長としての仕事をしなければ、と腹をくったのはこの時である。そうして出したのが次の経営方針である。六月二十九日のことであった。

津久志小学校に来て

1、私は教育という仕事は創造的なものだと考えてきた。だから、教育という仕事は楽しいのだと思っている。どんな小さなものでも良い、自分の実践で自分の事実を創り出さない限り、楽しい仕事ができないばかりか、人間としても枯渇してしまうのだと思う。
2、教師の仕事は、授業や学校行事の中で、子どもを変え、子どもに力をつけることである。
3、子どもを変え、子どもに力をつけるためには、あくまでも質の高い授業や学校行事を追究し、創造しなければならない。質の高いものでなければ、清潔で顔つきのはっきりとした、強靭な子どもは育たない。
4、それには、教師には子どもが見え、教材が見えなければならない。
①あくまでも事実に即して考えること。
　目の前に子どもができないという事実があったら、それは教師のやり方が悪いのだと考えなければならないのだと思う。どんなにまずいと思えるやり方であっても、子どもが良くなれば、その中には優れた原理原則が含まれていると思うので、自分の目で見て、自分

に取り入れることができるものをさがすように心がける。

②できるだけ形式を排除すること。

形が人間をつくるということもあるし、自分たちの創り出したことが形となることだってある。しかし、形式に寄りかかると、形式ばかりが目について子どもが見えなくなる。そこで、今ある形式が子どもにとって意味のないものであったり、子どもをだめにするものになっていないかどうか、今一度学校の中を見直してみてほしい。

③はだかになって学ぶこと。

教師の仕事は職人の世界と同じで、頭では分かったつもりになっていても、やってみるとできないことがたくさんある。また、人のすばらしさというのは、苦労し努力したものでなければ、そのすばらしさは本当には分からないのだとも思う。生みの苦しみはあるけれど、自分の身をもってやった分だけが本物で、自分を創るためには大いに恥をかかなければならない。

5、教育というのは総合的な営みである。だから、たとえ技術はなくても、教師の持つ人間性が子どもをつくることもある。したがって自分がより人間的な人間になるために、良いものを見たり、良い体験をしたり、そしてそれを職場に広げる関係をつくりたい。要するに、自分の精神を肥やすことを大切にしたい。

6、具体的にやりたいこと。

①雑談を充実させる。
②子どもを鍛え、子どもをつくる仕事。
（書き込み、問題づくり、長距離走、柔軟運動、合唱、行進）

学校づくりの要素にはいろいろあると思うが、私は単純に「教師づくり」だと考えて、それに徹しようと思った。うちの学校はこんな研究をしているのですよ、というようなアドバルーンを上げたり、珍しいイベントを組んで学校の特徴を売り込むというようなことで「学校づくり」をしたと考えることだけはしたくなかった。私は、津久志小学校の先生方が、「教師」である前に、まず「人間」として生きてもらいたいと願った。教育という仕事を通じて生きる喜びを知り、教師である自分に誇りを持ち、前向きに、しかも謙虚に生きてもらいたいと願った。そして、「子どもを育てる」というところから目をそらしさえしなければ、技術や方法は必要があれば自然に身につき、おのずから生まれるものだとも考えた。

私はここで「質」を問題にし、具体的に行うことを「事実に即して考える」「形式を排除する」「はだかになって学ぶ」と三つにまとめて示したが、それは半月の間私の目で学校を見、井口さんと話し合った結論と言ってもよかった。だから、これは、今の先生方にはこれが欠けていますよ、というに等しいものだけれど、しかし、欠点を欠点としてあげるのではなく、このような形で津久志小でなくてもどこにでも通用する一般的なものとして方向を示すにとどめておけば、先生方には、実践を積むにつれて自分に欠けていたものが見えてくるだろうと言う私の計算であった。

これを、まず井口さんに見てもらった。黙って一字一句を確かめるように読んでいた井口さんは、

「私は、基本的にはこれで納得。この方針でやって下さい。」

とうなずいてくれた。そして、自分自身に向けたように「山内さんは、大きいのう」と口の中でつぶやくのを聞いて、尊敬に値する校長として認めてくれたかと思うと、ほんとうに嬉しかった。

そんなわけで私は、翌日の職務会に、自信を持って、意気揚々とこれを提示した。

ところが、先生方の表情はまったく動かず、私のことばがむなしく頭の上を通り過ぎていくだけであった。もちろん質問も出ない。「こんな良いことが書いてあるのに、分からんのかなあ」と思いながら話すのでよけいにくどくなり、かなり長い話だったらしい。今でもその時の話になると田中悦子さんは、

「あの時校長先生は、何やら難しい話を、長々とようしゃべっちゃった。」

と言う。宮本佳宏さんも、

「今頃ときどき引っ張り出して読むんですよ。あの時はよう分からんかったけど、なかなか良いことが書いてありますよね。」

などと言ったりするので今でこそ笑い話ですむけれど、考えてみれば、その時はまったく絶望的な状況であった。

研修計画の見直し

その頃、就任の挨拶を兼ねて入院中の重森校長の見舞いに行った。病状の報告に始まって、校長として在任中の学校の様子とか地域の状況など、いろいろと話をして下さった最後に、先生は、

「今度は山内さんが校長なんじゃけ、私に気を使わずに、自分の思うとおりにやった方がいいでしょうよ。」

と言って下さった。さらりと、自分に執着しないその言い方がとても気持ちよかった。こころざし半ばにして病に倒れた重森校長の無念さを思うにつけ、私にはなかなか言えることばではないと思った。それに、その言い方から、私の力を認めたうえで言って下さった

ような気がして、私にはとても嬉しかった。よし、思いっきり自分の思う経営をしようという気持ちを抱いて尾道から帰った。

そこで私は、研修計画の見直しを求めた。年度途中の人事だったので、もちろん年間研修計画は決まっており、講師の先生も決まっていた。

「子どもを育てるということを考えた場合、作文だけに限らず、国語の読み取りとか、理科とか、体育、合唱など、あらゆる領域で子どもを育てなければならないのではないでしょうか。だから私としては、宮坂義彦先生という、それにふさわしい先生に講師として指導してもらいたいと考えているのですが、どうでしょうか。」

これに対する反撃はすさまじかった。

「作文というのは総合的なもので、いろいろな力をつけておかなければ良い作文なんか書けません。作文を書くことで、物の見方や考え方をつけることができるし、特に心が育たなければ作文を書かせる意味がありません。我々は子どもの心を育てようと思ってやっているんだから、作文で子どもが育たないとは思いません。」

「読解の授業というのは、チャラチャラと口先でおしゃべりをさせるだけで、それこそ子どもを育てることにはならんと思います。」

「せっかく今まで一所懸命にやってきたのをねえ、急にそう言われても、ハイそうですかとはなかなか言われんよ。」

「年間計画で決まっているものを途中で変えるというのは非常識すぎるよ。予定が狂ってくるじゃ。」

井口さんは子どもが育っていない実情を上げて説得するが、いったん決めたことはきちんとやりとげるべきだという田中さんがいちばん反対のようであった。その中で見藤さんの一言。

「校長先生。校長先生の気持ちも分からんではないが、今年一年は我慢して、じっとしといての方がいいんじゃないですか。来年は校長先生の思うとおりにやってなら、みんなついていきますから。」

これは、ほんとうは津久志の子どもを育てるためにはこれからどうするかというところでの議論から離れたもので、本質的にはずれた意見である。だから、こういうまあまあ主義は本当の解決にはならない。が、ともあれこの一言でその場の空気がやわらかくなり、一応は一件落着。妥協案として、二人の講師の先生に入ってもらう予定の最終回、十一月二十六日までは今のままで様子を見てみる、ということになった。

ところで、実はこの提案の内容はもともと井口さんの言い出したものである。が、井口さんは、こんなに簡単に、すぽんと私が提案するとは思ってもいなかったようである。根

まわしも何もなく、突然という感じだったから無理もない。井口さんはよく、
「山内さんは強いねえ、一直線にまっすぐぶつかって行って。私から見たら玉砕戦法のようなものよ。」
と言っていたけれど、私のこんなところを指して言うのかもしれない。

だが私は、この提案をしたからといって最初からその通りになるとは思っていなかった。本当に実現しようと思うなら、根まわしもして、慎重にことを運ぶけれど、その時は言ってみて通ればもうけものという感じだったから、その結果にはこだわらなかった。

私の提案したねらいは、一つは私のやりたいと思っていることをまず知ってもらうということ。今の段階では理解されなくてもいい、とにかく知ってもらうということが大切なのである。

もう一つは、ここで提案しておくことによって、先で持ち出した時の抵抗をやわらげるということである。具体的に言えば、郡内の学校の先生には大田小学校の「斎藤教育」に対するアレルギーのようなものがあって、そのすばらしさを認めているはずなのに批判の対象にされている。この議論の中でも、

「宮坂先生は、大田小学校に入っておられた時先生をきつく叱っておられたということですが、そうまでして勉強したいとは思いません。」

というものがあったように、その真意も分からずに、あらぬ噂がとんでいるというのが実情である。私の目には、うらやましいものだから、それをこき下ろすことで自分の存在を誇示するという哀しい人間の姿にしか見えないが、世羅郡の状況がそうであるだけに、宮坂先生に指導に入って頂くということを持ち出せば必ず抵抗があると踏んでいたし、事実その通りであった。そういうことから言えば、十一月二十六日を期して研修の方向の見直しをするという確約が取れたようなものだから、私とすれば成功であった。

校長教育

こうして一応の方向づけができると、今度は校長修業が待っていた。

「校長先生、きょうの話の内容は、中学生には良いかもしれませんが小学生には難し過ぎますよ。第一『矛盾している』とか言われても、ことばが難し過ぎて、小学生には理解できません。小学生には『これとこれとは食い違っているでしょう』と具体的に話をしてやらんことには分からんのですよ。」

朝会が終わるとすぐに批評会である。教室に行きかけた田中さんが、荷物を抱えたままにこにこしながら教えてくれる。

「まあ、そのうち慣れてよね。」

と、自信を失わないようにと気を使ってあくまでも校長を育ててくれる小川さんである。

「校長が子どもと接することのできる唯一の時間なんですから、全校朝会での校長さんの話は大事にして下さいね。校長の話というのは、人間としての生き方とか、心の持ち方とか、芸術や自然についての話とか、低学年の子どもには分からなくてもいいから、格調の高い話でなかったらいけません。教員に語りかけるつもりで話をしても、高学年の子どもには結構分かるものです。子どもに分からないと思えば担任が分かりやすくかみ砕いて話をすればすむことなんですから。」

井口さんは井口さんでこう注文をつける。

一学期の終業式で私は、水泳や交通安全にかかわって命を大切にしてほしいという話をした。すると、

「校長が教頭の仕事を取ったら、教頭は何をすればいいんね。教頭の仕事は教頭に任せんさい。校長は教員の予期せんような話をして初めて校長の権威が生まれるんでしょうが。小さいことは放っといて、どーんと構えておいてちょうだい。」

と、びしっとやられた。

「私があんたを校長として育ててあげるけえね。あんたが校長として育てば、私は自分

のやりたい本当の仕事ができるんじゃけ。」

二人だけの時には本気とも冗談ともつかぬ顔でいつもそう言われていたから、少々言い方がきつくても、気にとめるほどのこともなかった。それに、みんなが私に対して何でも言えるという雰囲気があり、私の話し方から行動の仕方に至るまで、まだぎこちなさを感じたり、校長らしさが見えたりすると、冷やかされたり、からかわれたりしていたので、このようにずけずけと言われることは嬉しいことであった。

大きいことは良いことか

夏休みに入るとすぐに高学年の「ふるさと体験学習」というのがあった。これは、瀬戸田町の高根小学校という島の学校と山の学校津久志とが、互いに小規模校同士で交流を持つという事業である。つまり、毎年、夏休みに入るとすぐに津久志小が高根小を訪れ、夏休みの終わりか九月初旬には高根小が津久志小に来て、それぞれ一泊二日の共同生活をする。そうすることによって人間関係の限られている小規模校の問題点を克服しようというのがねらいである。

他にも世羅町には「集合学習」と言うのがあって、それは、ほぼ同じ規模の大見小学校と津久志小学校の五・六年生が毎月一回交互に訪問し合って合同で授業をするという事業である。これも、小規模校の子どもは、小さい時から人間関係が限られていて活気に乏しく、引っ込み思案なところがあるので、多人数の中でもまれることが必要であるという発想から生まれたものである。特に中学校に入学した時、同じクラスに集合学習で仲良くなった大見小学校の友達がいればいじけなくてすむ、という効用が強調されていた。

これらの事業について、先生方は口を揃えて反対を唱え、できることなら中止の方向にもっていってもらいたいというのが私への注文であった。いろいろ聞いてみると、子どもの役に立てばやっても良いのだが、よその学校に行っても津久志の子どもは津久志の子どもだけで固まって行動し、ますますいじけさせるために行くようなものだ、というがその理由であった。子どもに聞いてみても、やはり気持ちの負担になるから行きたくないという声が多かった。保護者の中にも、集合学習には行きたくないと書いた子どもの作文を持ってきて、やめることはできないものかと相談に来る人もあった。

そんな事情があったので、自分の目で確かめてみたいと思い、私も引率の一人として瀬戸田に行った。

高根小学校について最初のエール交換でお互いの校歌を歌った。毎週全校合唱をやっている成果か、よく声が出ている。よしよしと内心ほくそえんでいると、高根小の教頭先生

が、

「津久志の子どもはよく歌を歌いますね。どのように指導しておられるんです?」

と、声をかけて下さった。

それから、魚釣り、はんごう炊飯と日程は進んで、夕方、ソフトボールの対抗試合が始まった。

「校長先生、そんなに言うても勝てるわけないじゃない。今までは毎年、津久志はボロ負けなんじゃけ。」

「同じ小学生なのに、やってみにゃ分かるかい。わしも入るけえ、勝つつもりで守備位置やバッター順を決めえ。負けた時の言い訳になるようなことはするなよ。」

結局私がショートで四番バッター。得意のグリップバントで相手の守備を攪乱したり、大声を出してにぎやかにやっていると、とうとう接戦の試合を制して勝ってしまった。子どもたちは、初めての勝利だ、と言ってとても喜んだ。小川さんは、

「校長先生、今年は違うわ。歌もそうだが、魚釣りでも何でも自分から高根の子どもに溶け込んで、ほんと積極的だわ。これなら交流学習をやる意味がありますよ。」

と、さも感心したように言う。夜の反省会でも、二・三年前に比べて津久志の子どもが変わったともっぱらの評判で、とても気分の良い一日だった。

私はこの時、見藤さんや小川さんに、子どもの心を開けば子どもは自分から力を発揮するものだね、と子どもをのびのびとさせることの必要性を説いたように思うが、とにかくこの日は、教師の予想を越えた子どもの姿を目にして、教育という仕事の喜びを味わうことのできた一日だったように思う。

後日談になるが、大見小学校の橋高精三校長には、集合学習での子どもの様子から、津久志の子どもが変わった、とたびたび励ましてもらった。津久志での二年目には特に、顔を合わせるたびに言ってもらったような気がする。それは私にはとても嬉しかったが、このように周りから「津久志の子どもは変わった」と言われるようになると、交流学習や集合学習に対する先生方や保護者の反対の声は、すっかり影をひそめてしまった。

交流学習や集合学習のほかにも、世羅町では修学旅行についても町内四校が連合で行っている。

だが、このような「大きいことは良いことだ」という考え方は、私にはどうにも好きになれなかった。せめて修学旅行ぐらいは、小さい学校は「小さい」ということの特質を生かして、小さい学校でなければできない独特の修学旅行にしなければ、小さい学校に通う意味がない。小規模校のデメリットを補うと言いながら、その実、小規模校はだめなのだ

と強調しているようにしか私には思えなかった。だから、このことについて私は、

「この中の子どもが大臣になった時、タバになってガイドさんの旗のあとをついて歩いた修学旅行を自慢することはできないが、たった五人で鈍行列車の切符を買い、ソフトクリームをなめなめ歩く修学旅行は人に語れる。」

と言ってあちこちで吹いてまわった。町の校長会や修学旅行委員会でも二年続けて、それぞれの学校が単独で修学旅行をしてはどうかという話を持ち出した。これに対して校長会では検討に値するということになり、教育長さんもそれはそうだと認めて下さったので、遅くとも平成八年度からは単独で修学旅行ができると喜んでいた。

ところが、それを知った津久志の子どもたちは大反対。私が津久志を去る直前の三月、大田小学校や西大田小学校の人とも仲良くなりたいから一緒に行けるようにしてほしいと言って、五年生の女の子がみんなそろって私のところに「交渉」にやって来た。交流学習や集合学習をやらなくて済むようにしてほしいと言っていたことを考えると、私にはまったく信じられない出来事であった。

これに対して先生たちも、

「いったいどうなっとるんね。」

と驚きながら、この教師の予想を越えた子どもたちの動きをとおして、今の自分たちの仕

事に確かな手ごたえを感じている様子であった。

こうしたことから私は、どんなに優れた内容の制度や事業であっても、それぞれの学校で子どもに力をつけ、子どもの心を開いてやらない限り、それは意味を持たないのだと思った。交流学習や集合学習の成功の鍵は、やはり授業にあるというのが私の考えである。

郡水泳記録会

夏休みの高根小学校との交流学習では良かったけれど、子どもたちは、いつの場合でもそんなに良い側面ばかりを見せてくれたわけではない。

世羅郡内の小学校では、毎年八月の初めに水泳記録会を行っている。会場は大田小学校の五十メートルプール。その年はあいにくの冷夏で、とても寒い日だった。

「校長先生。朝、開会式の前にプールが使えますから、練習を見てやって下さい。僕は役員の仕事で準備に行きますから。うちは伊尾小学校と一緒に六コースですけえね。」

見藤さんにそう念を押されて、私はプールサイドに立った。

「おーい、順番にプールに入って、向こうまでゆっくりと泳いで来い。」

名監督のつもりで指揮をとるが、誰一人としてプールに入るものはいない。

「よその学校が来んうちに、早く入れや。」

それでも子どもたちは「おまえが先に入れ」「おまえこそ先に入れや」と互いに譲り合って、なかなかプールに入ろうとしない。そのうちに伊尾小学校の子どもが入って来て、とうとう六コースは占領されてしまった。このようにして始まった水泳記録会は、棄権するものが続出で、まことに寂しい結果に終わってしまった。

冷夏のためにあまり練習ができなかったこと、五十メートルの深いプールに慣れていなかったことなど、子どもの立場になれば自信を持つことのできない条件はそろっていた。だが、だからといって次々と棄権し、闘う前から尻尾を巻いて逃げるというのは情けない限りである。私は歯がみをしたいような心境であった。勝とうが負けようが、何とかなるわいと開き直って挑戦できないものか。このままでは勝負師としての私のプライドが許さない。よし、来年の水泳記録会ではもっと楽天的な子どもに変えてやる。それは水泳だけでできることではない。あらゆる場面で力を出させ、自分の力を信じられるようにしなければならないのだ。

それからは学校で、事あるごとにその時のことを話した。一つは、子どもを育てる具体的な目標の一つとして。もう一つは、これから先、子どもが育った時に、こんな時もあったと振り返る証拠を残すという意味において。

秋の運動会

夏休みが終わるとすぐに運動会である。

前の年までは地区民体育大会と合同で六月に行われていたが、その年からは、町内の他の小学校と同じように、九月十二日の日曜日に小学校単独で行うことにした。そんなわけで演技種目をどうするかということが問題になった。

表現については、前の年の公開研究会で、津久志に伝わる伝説を取り上げた「津久志のこころ」という表現をやった経験があったので、誰も反対はしなかった。むしろ、去年は教頭先生に全部やってもらったようなものだったから、今年はできるだけ自分たちの手でやってみようという声が出るくらい前向きな姿勢であった。話が決まるとその場で何をするかという話になり、教科書をはさんでみんなでわいわい言い合っているのを見ると、変革の芽生えが感じられ、何か希望が持てるような気がした。

それに対して、マット・跳び箱運動を入れることには先生たちはあまり賛成ではなかった。子どもの体力も考えず無理をさせ過ぎるのではないかとか、夏休みがあるので練習時間が取れず間に合わない、というのが反対の主な理由であった。もちろん、マットや跳び箱ばかりやらされるのではないかという大田教育に対するアレルギーが、その根底にはあった。

「そんなに時間をかけんでも、やり方次第ですぐにできるようになるんよ。私も手伝わせてもらうから。」

しぶる先生方を井口さんは穏やかな口調で熱心に口説いた。

「良いものをしようと思うから負担になるんよ。子どもができるかできんかが問題なんじゃなくて、跳び箱やマットをすることで子どもが育ちさえすれば、それでいいんよ。」

「みんなの注目をあびて、たった一人で跳び箱に向かう時には、子どもは逃げることはできんのよ。自分と勝負するしかないいんじゃけね。これだけ子どものこころを強くするものが他にある?」

「先生らは自信がないから逃げとるんじゃないいん? できるかできないか、指導してみんことには分からないじゃない。」

私は、井口さんという財産がこの学校にはいるのだから、井口さんのいる間に井口さんから盗んでほしいと話した。

こうした議論の結果、マット・跳び箱運動を入れることになったのだが、この議論を通じて、「見せるためにやるのではなく、子どもを育てるためにやるのだ」という教育に対する基本的な考え方が共通のものになったように思う。要するに、何をするにしても、できるかできないかという結果を気にしなくてもよい。それをすることで子どもの何を育てようとしているかを常に考えて教育してほしい、という校長としてのスタンスを示すことができたということである。後に、宮本さんがこう言ってくれたことがある。

「校長先生は結果で僕らを見られないから、僕らはとても気が楽なんですよ。校長というのはどうしてもよその眼を気にする仕事なんかしらんけど、今まではたいてい結果を求められたような気がするんです。校長先生に結果で見られると、僕らとしては良い結果を出そうと考えてしまって、追い込まれたような気になるんです。」

私としては、人の目に動かされて仕事をするのではなく、人からどう見えようとも自分に納得のいく仕事がしたいと考えているので、見た目にはこだわらないということなのだし、また、そうでなければ目標に向かって大きく組み立てることができない、つまり、構成の問題として、眼の前の結果ばかりを追ったのでは、無駄とも思えるような目に見えない基礎的なことを一つひとつ丁寧に積み上げていく仕事ができないと思うから当然のことである。だが、担任の立場になってみると、何はともあれ「見せるためにやるのではない」と考えることでより本質的な仕事に地道に取り組めるようだし、先生方の心を開放的にする源になるようでもあった。

ところで、運動会の直前、体育館での練習の時のことである。

「泣いてごまかすな！　何を甘えとるんね。」

井口さんの怒鳴り声がひびき、体育館の中にピーンと張りつめた空気が流れた。練習時間が終わっても四年生の仁美ちゃんは開脚跳び越しができず、みんなの先生に励まされて練習していたが、何回挑戦してみても手をつっぱって跳び越せないものだから、とうとうべそをかき出したのだった。

仁美ちゃんにどう声をかけたものか、私の頭の中はクルクルまわっている。

ところが井口さんに怒鳴られた仁美ちゃんは、泣きじゃくりながら、跳び箱の前に立った。キッと目がすわってきた。かかとを上げて助走を始める。そして、踏切。その瞬間、

「手で、たたけ！」

また、井口さんの大きな声。仁美ちゃんは、かすかにお尻をこすりながらも、たしかに跳び越えた。

「ヤッター。」

みんなの拍手と歓声。仁美ちゃんが初めて跳び箱を跳び越したのである。元泉さんや田中さんの目は、心なしかうるんでいる。

「先生の言うとおりにしたら、跳べたろう。もう泣くな。よし、よし。」

そう言いながら仁美ちゃんの頭を抱く井口さん。

ここからが私の出番である。

「先生らは仁美ちゃんの技術を見ていたんだが、井口先生は仁美ちゃんの心を見ていたということじゃねえ。仁美ちゃんが自分に言い訳をしていると見たから『甘えるな』と怒鳴ってやり、それでふっきらせたんだと思うよ。」

子どもの心を見るか、頭の中を見るか、はたまた技術を見るか、教師が子どもの何を見るかによって指導の方法は違ってくるという解説である。

「井口先生は恐ろしいから子どもがやるんだと思っていたが、違ったんだ。本当はやさしいんだ。」

「それにしても、あの迫力にゃびっくりして、仁美ちゃんじゃなくても、思わず跳んでしまうよ。」

先生たちの心の中で、鬼の井口が、仏の井口に変身。この変身以来、先生方は積極的に井口さんを利用し、頼りにするようになってきた。

運動会当日、仁美ちゃんは病気にかかって運動会は見学であった。小川さんの話によると、運動会というと病気になって、今までに運動会に参加したことがないということであった。その仁美ちゃんが、跳び箱の演技の時だけ運動場に出て来た。

一回、二回と、跳び箱に向かうが、跳び越せない。三回目は助走の途中で引き返してしまった。四回目、踏み切りの瞬間、

「手で、たたけ！」

井口さんの怒鳴り声に誘われるように、ついに成功。本人も嬉しかったろうけれど、いちばん興奮したのは先生たちだった。教師として、跳び箱で子どもを育てるということの意味を知った瞬間だったと私は思っている。


跳び箱と言えば、この時の六年生の実君も忘れられない。

実君は物知りで頭が切れ感覚的にも鋭いものを持っているが、太っていて六年生の演技種目「台上前まわり」ができなかった。というよりは、自分でできないと決めてしまって最初から挑戦しようとしなかった。それだけにおだてや脅しは通用せず、誰が自分にとって必要な人であるかを見抜く力も持っていた。その彼が、体育の時間になると今日はできないという理由をいろいろ言って職員室にやって来るところを見ると、私には井口さんに助けを求めに来ているように見えた。

その彼に対して、井口さんは、

「できるかできんかが問題じゃない、挑戦するかどうかが問題よ。」

「ここで逃げたら一生後悔するんで。逃げるか逃げんかは自分で決めんさい。」

「言い訳するな。言い訳する人間は嫌いよ。」

「あんた男じゃろうが。男なら『やったらあ』言うて男気を見せにゃ。」

などと、時には励まし、時には突き放しながらだんだんとその気にさせていたが、彼にはなかなか決心がつかない様子であった。が、とうとうある日、

「うちが見てあげるけ、大丈夫よ。やってみんさい。」

という一言に誘われて体育館に行き、やっと挑戦した。それからは体育の時間になるといつも、実君は職員室に井口さんを誘いに来た。

「教頭先生、行こうや。」

「よしよし。すぐ行くけ、先に行っときんさい。」

どんなに急ぎの仕事があっても、井口さんはにこにこと職員室を出て行った。そして時には担任の見藤さんと一緒に、

「今日は実君が跳べたんよ。」

と興奮して職員室に帰って来ることもあった。それに見藤さんはいつも、

「教頭先生の威力は絶大なもんですよ。実君には教頭先生でなければだめなんじゃけ。」

「勉強になりますよ。教頭先生はすごいねえ。いっそ（少しも）叱らないのに、教頭先生が来ちゃったら子どもがぴりっとするんですから。」

などと感心していた。

そうして運動会当日。

実君は跳び箱に向かうが、どうしてもお尻が上がらなかった。

「教頭先生、来てぇや。」

「もう、うちが居らんでも大丈夫よ。自信を持ってやりんさい。」

そう言いながら、のそのそと井口さんがテントの中から出て来た。そのやり取りが信頼の糸で結ばれているということは誰の目にも明らかで、ほのぼのとした雰囲気が会場全体に流れた。そうしてなおも何回か往復するうちに周りの目も気にならなくなったのか、実君の目は真剣になってきた。井口さんの目も真剣で息の詰まる感じになってきた。すると、

「みのる、がんばれ。」

「みんな応援しとるど。負けるな。」

観覧席のあちこちから、父親たちの声援が飛んできた。津久志というのは地域の子どもは誰彼なくみんなで見守るんだという、そんな温かさを感じさせた。その声援に後押しされるように、井口さんの補助を受けながらも、とうとう跳び箱の上をまわった。

「ええど、みのる。」

「いよー、日本一。」

「よっしゃ。よう頑張った。」

拍手と歓声の中、実君は得意そうに列についた。井口さんは、ぼそぼそと「これで実君は一つ乗り越えたのう。」とつぶやきながら、テントの中に帰って来た。そのつぶやきを耳にして、井口さんの見ているのは、できるできないの問題ではない。自分の手柄ではもちろんない。井口さんは、長い目で一人の子どもの人生を見ている。子どもを育てるということはそういうことなんだと、改めて井口さんの土性骨のようなものを見た思いがした。

郡音楽会

秋になると毎年郡の音楽会がある。それは郡内の小学校十三校と中学校三校とが一堂に会して各校の合唱を披露するという催しで、年によっては郡の東部と西部に分かれて開催することもある。

この音楽会に、津久志小学校は五・六年生の複式学級十八名で参加することになった。が、実はこのことは、それまでの常識からは考えられない決定であった。というのは、大田小学校のように規模の大きい学校は六年生だけでも七十人近い合唱団になり、声量の面ですでに圧倒される小規模校は、三年生以上が参加する学校もあるくらいであった。したがって、津久志小学校も前の年までは四年生以上が参加していた。

しかし、五・六年生の音楽の授業に出ている井口さんは、

「人数が多ければ良いというものではない。人数が多いと自信がない時には人の後ろに隠れていてもすんでしまうが、人数の少ない合唱は、たった一人が力を抜いても合唱にはならない。合唱はみんなの力を合わせてでき上がるものだから、たとえ自信がなくても一人で何人分もの声を出して、一人ひとりの責任を果たさなければならない。だから、子どもを育てるということを考えたら、人数でごまかしてはいけないのだ」。

そう言って、五・六年生だけで参加することにした。私は、かつて井口さんが中央小学校で六年生を担任していた時、やはり五・六年生でたしか二十三人だったと思うが、そのすごい合唱を見てきているので、それがあたり前ぐらいに考え、その時はそれがそんなにすごいことだとは思わなかった。

曲は「メリーさんのひつじ」と「お江戸日本橋」の二曲。いざ練習が始まってみると、声も出ないし「お江戸日本橋」の高い音も出ない。まるっきり自信のない子どもたちは、「恐怖の音楽の時間」だと言って嫌がっている。

「教頭先生がきびしいけ、子どもらが音楽の時間をものすごく嫌がるんじゃけ。」

職員室に帰って来て見藤さんがそう言っても、井口さんは、

「自信がないけえよね。自信がついてきたら楽しくなるんじゃから。まあ、今はこんなもんよ。」

と、平然と構えている。指導の仕方を見ていると、息吸いや身体のつくり、腹筋の使い方など基礎的な訓練をするのはもちろんであるが、それよりも「責任」「誇り」「自信」などの言葉が耳にとびこんでくる。歌よりも何よりも心を育てているのが分かる。

「教頭先生は、僕らとは子どもの見方が違うんじゃけ。僕らは子どもの声が出んかったら息吸いとか何とかつつくじゃないですか。ところが、教頭先生が『あんたらは自分の責任を果たした?』とひとこと言うてなら声を出すんじゃけえねえ。僕らが同じようなことを言うても変わらんのに、教頭先生が言うちゃったら変わるんじゃけ。教頭先生は常に子どもの心を見とってんでしょうね。」

見藤さんはそう言って感心している。そうして日がたつにつれて次第に合唱らしくなってきた。もちろん井口さんの言うとおり、子どもたちが自信を持つにしたがって音楽の時間を嫌がりもしなくなった。

そして音楽会当日。

わずか十八人の合唱は衝撃的なデビューであった。

最初は井口さんの指揮で「お江戸日本橋」。最初の出足はやや固いかなと思ったが、一人ひとりが本気で声を出している。歌い始めはざわついていた大田小学校の体育館が、潮を引くように静かになった。続いて見藤さんの指揮で「メリーさんのひつじ」。指揮の特訓をした甲斐があってか、見藤さんの指揮と子どもたちの呼吸がぴったり、よくリズムに乗っている。後ろの保護者の中にはハンカチを目に当てているのも見える。大成功であった。

学校に帰ってバスから降りた子どもたちにねぎらいのことばをかけると、

「僕らが歌うていたら、教育長さんが涙を拭きょうちゃったよ。」

私を取り囲んで口々に報告する。自信満々といった様子で、余裕さえ感じられた。

この音楽会で子どもたちのつけた自信は、学校を大きく変えた。六年生が上級生風をふかすことも見なくなったし、第一、子どもの表情が明るくなってきた。そのおかげで下級生がのびのびとしてきたように見えた。

郡美展の作品製作

この音楽会を節目として、子どもだけではなく先生方も変わってきた。

私は最初から、校長としての私の仕事は井口さんの利用の仕方を教えることであると考えてきたし、先生方にも、この学校には井口さんのような財産がいるのだから、井口さんを利用して、井口さんから盗まない手はないと言ってきた。それに、井口さんから直接習った見藤さんが合唱指導において確実に力をつけてきたということが、音楽会を通じて他の先生にも見えてきたのであろう、先生方はいろいろな方面で積極的に井口さんを利用するようになってきた。描画の指導もその一つである。

世羅郡の小・中学校には、音楽会のほかに郡美展というのもある。これには絵画の部と書写の部との両方があって、各校から持ち寄った優秀作品の中から入選作品を選んで、それを各学校に巡回展示するものである。

二学期になったある日、授業中なのに三年生の子どもたちがさかんに玄関前の木に登っている。木に登れない女の子も、しきりに枝にぶら下がったり、幹にしがみついたりしている。何事が始まったのかと見ていると、宮本さんが木登りの絵を描かせるために木登りをしているとのことであった。聞けば、絵を描かせるにはどうしたら良いかと井口さんに相談した結果らしい。鉛筆での下書きもなく、いきなり筆でもってまず手から描かせ、木の幹は後からつけ加えるとのこと、そんな描かせ方があるのかとびっくりしてしまった。そのできばえを見てさらにびっくり、手や足ばかりが大きくて、胴体や頭は取ってつけたようなアンバランスな絵ではあるが、手や足の指の力がこちらに伝わってくるようで、とても子どもらしい絵であった。井口さんはその絵を見ながら、盛んに「子どもって、おもしろいねえ。」と喜んでいる。

その絵で絵の指導のおもしろさを知った宮本さんは、今度は運動会の綱引きの絵に取り組んだ。やはり綱を持つ手とふんばる足から描き始め、胴体や顔は後から描き加えていく。綱を描くのはいちばん最後である。私はその絵を一目見て、あまりの楽しさに吹き出してしまった。何を描きたいかがはっきりしているし、よく見ると顔の表情にもそれぞれの特徴があって、見ていて飽きなかった。

その絵に刺激されたように、一・二年生担任の田中さんは遊具と遊ぶ人物画を、五・六年生担任の見藤さんは風景画に取り組み出した。そして、それぞれの学級で描かせた絵を下絵の段階から職員室に持って下りて来て、この次の時間にはどのように指導すれば良いのかとか、一人ひとりの絵のどこを誉めたら良いのかなど、井口さんが講師のような感じで批評会が始まるのであった。

ところが、四年生担任の元泉さんだけは、絵を持って下りてこなかったし、批評会にも余り積極的に加わる様子が見えなかった。そのことを心配して井口さんとも話し合ったのだが、井口さんは、「もっと素直になれば楽になるのに。」と言うだけであった。

そんなある日、井口さんが元泉さんをつかまえた。

「元泉さん。あんた、郡美展の絵はどうするつもりねえ。」

「出すのをやめました。出しません。」

「どうして？　出してやればいいじゃない。」

「もう時間もないし、それに私には良い絵を描かせる自信もないからやめます。」

「自信がないからやめる？　思い上がりも、いいかげんにしんさい！　あんたのようなのを『不遜』と言うんよね。子どもの学習する権利を、教師の勝手で奪うということがあるもんか。」

ものすごいけんまくで井口さんが怒鳴り出した。頭ごなしとはこのことである。それに対して元泉さんも負けてはいなかった。

「つまらん絵を出して子どもに恥をかかせるよりは、出さん方がいいじゃないですか。指導力がないものは仕方がありません。」

元泉さんは井口さんの声に負けじと大きな声で言い返してはいるが、目にうっすらと涙を浮かべて、見るからに意地になっているという感じである。

「あんたも何とか言いんさい、校長の仕事でしょうが。自分だけが良い顔をしてから。」とうとうこっちにお鉢が回ってきた。私は、何やら分かったような分からないような、とにかく意味もないことを、もごもごと口ごもるしかなかった。

だが、その間に冷静さを取り戻したのか、井口さんは今度は穏やかな声で言った。

「元泉さん、あんたが意地になってしもうたら、子どもがかわいそうなだけじゃのうて、あんた自身にも力がつかんのじゃけえ、自分自身にとっても損じゃない。もっと自分のことを考えんさい。私が見てあげるけえ、図工の教科書を持っておいで。」

元泉さんはすぐに教科書を持って下りた。私たちに声をかけてもらうのを待っていたような感じを受けたほど素直であった。

「教科書というのは、よくできているんよ。」

井口さんがそう言って、教科書の利用の仕方について元泉さんに話し始めた。すると、それまで身を固くしてことの成り行きを見守っていた他の面々も首を寄せて来て、わいわいとにぎやかに、いつもの雰囲気の雑談会が始まった。

「へえ、そうやって比較させると子どもにはよく分かるわ。教科書というのは、そういうふうに利用するんですか。」

「これが面白そうだわ。これにしたらどう、これに。」

わいわいとにぎやかに、それぞれ勝手なことを言っているようでも、みんなで元泉さんを応援しているというのはよく分かる。結局、その雑談会で、「少年駅伝夫」という物語を読んで絵を描かせようということになった。

それから何回か井口さんは教室に上がっていたが、そのうち元泉さんが絵を持って相談に下りて来るようになった。雪が降る様子にするための習作をすることもあった。

その絵の結果が、夢のある楽しいものになったのは言うまでもない。それよりも、この出来事の後で、元泉さんがしみじみと私に言ったその言葉に、私は打たれた。

「教師の自分に力がないのに、自分で教えようとするからいけんのですね。

教頭先生の指導を見ていると、子どもが描いたものを並べて、お互いの良いところを発見させるだけで子どもの絵は変わってくるんですよ。子どもというのは本当はすごい力を持っているんだから、もっと子どもの力を信じてやれば良いのに、自分には子どもの良いところがなかなか見えんから悲しいですよね。」

絵の指導に限らない。あれだけ怒鳴られながら、どんな場面でも子どもの力を引き出す方法をまず一つ手に入れたと喜ぶ彼女の素直さに打たれるのである。

斎藤先生は、良い教師の条件の一つとして「育ちの良さ」を上げられているが、彼女を見ていると、具体的には、こういう素直な受け止めができるということを指しているのだろうと思われた。

百聞は一見にしかず

ある日、田中悦子さんが、雑談の中で、

「校長先生は、国語の授業はどういう授業を目指しておられるんです。」

と言い出して、たしか一年生教材の「くじらぐも」か何かだったかと思うが、一緒に教材研究をしたことがある。その明くる日、二年生の子が、

「校長先生。国語の授業を見に、教室に来て下さい。」

と呼びに来た。ちょうどその時職員室にいた井口さんと、養護教諭の小川さん、事務の有田安子さんの三人は、「やったー。」と大歓声を上げ、

「さあ、見ものよ。みんなで見に行こう。」

と楽しそうに、どやどやとついて来た。

「校長先生、こういうやり方で良いんです？　おかしかったら、介入して下さいね。」

田中さんはそう言って迎えてくれた。しばらくすると、授業が重苦しくなり、何か言わなければならない雰囲気が出てきた。ここで井口さんを押し出すのが私の役目。

「井口さん、何か言うてやってえ。」

「校長先生のご指名じゃけ、校長先生が言わにゃあ。」

ニヤニヤして、高みの見物を決め込んでいる三人の姑。

「ちょっとみんなに聞いてみるけどね……。」

脇の下に汗をかきながら、私の下手な介入が始まる。

「校長先生。子どもはどう答えればいいんです？」

授業を邪魔しただけであった。

「それでは、方向が違うよ。」

井口さんが見るに見かねて、乗り出してくる。サークルでのいつものパターンである。私が下手な介入をして子どもを困らせたりすると、我慢できなくなって井口さんが乗り出してくる。要するに、井口さんが乗り出すきっかけを作りさえすればいいわけである。

この授業の後、田中さんは、

「楽しかったですよ。子どもは考えるのがおもしろいんですね。でも、校長さんの介入は難しいわ。何を要求しておってのか分からんのじゃもん。」

と、一定の評価はしてくれたものの、もう一つ授業のイメージが沸かないようす。

「どこかで校長さんがこれと思うような授業はやっていないんですか。そういう授業を見ることができれば、どんな授業を目指せば良いのか分かるんですがね。」

田中さんのこの一言が、津久志小学校を大きく変えるきっかけとなった。

どこか公開研究会をする学校はないものかどうかと宮坂先生に聞いてみると、長野県の赤穂小学校が、保護者を対象とした発表会を開くとのこと。一般の参加者も受け入れてもらえるということであった。

そこで松浦教育長に相談してみると、

「校長が良いと判断したことは、遠慮せずにどんどんやれ。その代わり、保護者から不満が出ないような手当てだけは事前にきちんとやっておけよ。」

と全面的に応援の姿勢。結局、冬休みと振り替えて学校を休みにし、全員で参加することにした。だからと言って、突然のことで予算がつくわけでもない。何とか最低の費用であげるために、かつての同僚だった甲山中学校の為平建男さんのワゴン車を借りて、片道八時間、自分たちで運転して行くことにした。事故が起こっては大変だと教育長さんはとても心配されたようだが、小さい学校だからこそできる芸当である。

赤穂小学校は、都市部の学校で、津久志小学校とは比較にならない大規模校であった。にもかかわらず、学校がとても静かであるのにみんなはまず驚いた。そして、学校全体が同じ方向に向き、みんなで学校を創ろうとしているように見えて、とても良い印象を持って帰って来た。また、先生たちにとってはこの時初めて宮坂先生との出会いをしたわけだけれど、その出会いの中で、先生たちは宮坂先生の人間性に魅かれたということも私としては大きな収穫であった。が、それ以上に大きな収穫は、先生たちが、「今自分たちの目指そうとしている教育が、方向として間違ってはいないのだという確信を持つことができた」と口を揃えて言い出したことであった。

授業についても先生たちの感想を聞いてみた。良い授業もあれば、そうでない授業もあったのが良かったということであった。これが、もし良い授業ばかりであったとしたら、「とてもではないが私たちにはできない」と感じたらしい。だが、いろいろあったそれらの授業を、それぞれ「目標に到達する一つの段階の授業」と位置付けて見たようで、一つひとつステップを上がれば、自分もあの授業に到達できるのだという自信を持つことができた、と言うのである。要するに、自分の授業と比較しながら、自分も手が届きそうだという思いを持つことができたのである。

気の早い私は、これらの感想の中の「公開研究会だと言っても、何も飾らんでも普段蓄えた実力をそのまま出せばそれで良いんよね。」ということばを、みんな自分たちの公開研究会を念頭に置いてしゃべっているなと、そう受け取って聞いていた。

この時の興奮があったので、明くる年の赤穂東小学校の公開研究会にも学校を休みにして参加した。前回と違うことは、ジャンボ・タクシーを雇って参加したことである

この研究会には、戸田淳子さんの授業を参観することを目標として参加した。あの「や

まなし」の授業には、先生たちはとても大きな衝撃を受けて帰って来た。どういう子どもを育てれば良いのか、はっきりとした目標ができたようでもあった。宿でも、車中でも、その興奮でぎらぎらしていたのを思い出す。

ところで、私は最初の経営方針の中で、「良いものを見たり、良い体験をして、自分の精神を肥やす」ということを掲げた。職員旅行や打ち上げの際、私の発案で行った全国一小さい「益田競馬」や「宮島競艇」がこれに該当するかどうかは分からないが、教師という狭い社会で小さく固まらないために、とにかく先生たちには、いろいろなものに触れ、いろいろな体験をしてほしかった。そうすることによって、何事も自分の頭で考え、自分のことばでしゃべることのできる教師になってもらいたいと願った。私にはそういう思いがあるものだから、駒ケ根からの帰りには、必ずどこかに寄る計画を立てた。

最初の年には、研究会の翌朝早くから駒ケ岳に登った。ロープ・ウエイから下りて往復三時間ばかりの登山だったと思うが、途中から霧が出てきたりして、とにかく寒かったのを覚えている。

その次の年には、研究会が終わると妻籠まで行って泊まった。夜の宿場の情緒をたっぷりと味わい、その日の授業について、これからの学校づくりについて、他のお客さんの迷惑も顧みず、夜遅くまで語り合った。

いずれにしても、こういう機会を通してお互い同士の距離はうんと縮まり、みんなの心が一つになっていった。

ミニ発表会の学校訪問

世羅郡の小学校校長会では、校長研修の一つとして郡内十三校の学校を順次訪問し、その日参観した授業を具体的な材料として学校経営の問題点などについて話し合っている。年間計画によると、十一月の学校訪問は津久志小学校になっていた。

実のところこの学校訪問については、少なくとも津久志では、先生方の間であまり歓迎されていないというのが実情であった。というのは、校長連中は授業を見て教師の棚卸しをするのではないか、という疑いの目で見られているからである。もっとも、校長の中には、自分の学校をよく見せるために特別に展示を用意したり、大がかりな掃除をさせたり、あるいは、間近になって教室の掲示をやりかえさせたりとかして、担任の先生にとても忙しい思いをさせる人もいるようで、どこそこの学校では一週間前から準備で大変だったというわさ話をよく聞いたものである。

そんなわけで、校長会の学校訪問は歓迎されず、校長が見栄を張り合うような学校訪問は意味がないとか、来年からはやめるように校長会に提案してほしいなどといろいろな声が上がっていた。とは言っても、これらのことばは学校訪問を受けないわけにはいかないというのが分かった上でのことばだから、言うなれば新米校長の困った顔を見てみんなで楽しむというような雰囲気ではあった。

しかし私は、この学校訪問を良いチャンスとして、子どもたちや担任の先生が自信をつける場にすることはできないかと考えた。

実は、毎月の校長会で他の小学校を訪れる度に、私は密かに津久志小と比較していた。そして、津久志の子どもたちのあの子どもらしい姿や、先生たちのあの溌剌とした姿が、いかに素晴らしく希少価値のあるものであるかということを思うようになってきていた。だから、校長会から学校に帰るとすぐに先生方に津久志の教育がいかに素晴らしいかということを話し、津久志の子どもたちを誇りにして良いというのだが、先生たちには、返事のわりには自分たちはすごい仕事をしているのだという自覚がないように思われた。したがって私は、いつかは必ず何らかの形で自分たちの営みがいかにすごいことであるかということを自覚できる場を作らなくてはならないと考えるようになっていた。

そこで、校長会の学校訪問を「ミニ発表会」とするように提案した。すなわち、一時間ほど全学級の授業を公開して自由に参観してもらい、その後体育館で二十分ばかり、合唱と体育発表を見てもらうというものである。

しかし先生たちは、校長会の意義がどうとか、進度がどうとかといろいろに理由をつけて、最初はあまり乗り気ではなかった。

が、合唱については、音楽朝会で全校合唱をやっていたし、各学年部でもそれぞれ歌っているので、事前に特別な練習をすることはなかった。それに、体育発表についても、私が赴任してからは体育朝会で柔軟運動をやらせており、特別な準備をしなくても、開脚やブリッジなどを普段通りそのままやらせればそれで良かった。

何をするかが具体的に見えてくると気持ちの上で負担にならないのか、意外な程簡単に認めてくれた。そして、いったんやるとなると、すぐに本気になって取り組むのが津久志の良さである。「ミニ発表会」のやり方について私は一切指図する必要はなかった。

校長会当日。

校長の間では「子どもが生きている」と大好評であった。廊下や教室に張ってある絵。特に一・二年生の田中学級を中心として、子どもたちが生き生きと活発に活動する授業。口を大きく開け、顔を真っ赤にして力一杯に歌う合唱。うんうんとうなりながら、ゆっくりとていねいに体を動かす柔軟運動。それに、体育館の中を物音一つ立てずに静かに移動する子どもたちの自信に満ちた姿。きびきびと身軽に動き回る教師。そして何よりも、他の学年が演技をする時、身じろぎもしないでじっと見つめる子どもたちの集中力は、私が見ていても感動的でさえあった。

そんな熱気がうず巻いているような学校の様子を、校長さんの中には涙ぐんで見ておられる方もあった。特に、大見小学校の橋高精三校長は、

「皆さんは本当にすごい。津久志小学校は素晴らしい学校です。自分に自信を持って勉強して下さい。」

と全校児童に対して自ら求めて感想を言って下さった。私はそれを、同じ町内の学校でもあり、小規模校同士として毎月合同で学習をする「集合学習」で日ごろから行き来をしている関係で、子どもたちに自信を持たせようとの配慮だと感じた。しかし橋高さんは、今でもその時の様子を、「本当に感動したから子どもたちに何か言わないではおれなかったのだ」と言っておられる。特に、それまでのどちらかと言えば引っ込み思案で、自分から積極的に動こうとはしなかった津久志の子どもを見てきていただけに、短時間の間に子どもがまさかこれほど変わっているとは思わなかったということであった。

この日には、いつもの校長会とは違って、指導案のほかには「津久志小学校に来て」という学校経営方針を書いた紙一枚しか用意しなかった。横着をしたような感じで内心ひやひやしながら、どのように学校経営しているかを説明した。すると、ある先輩校長が「こ

うして話を聞いてみると、自分らは学校経営は何もしとらんな。若いけど、山内さんを見習わんといけん。」と言って下さったが、新米校長としてはとても自信になることばであった。

いずれにしても空いた時間に次々と職員室に出入りし、口々に好意のこもった感想を伝えて下さった。そのことが先生たちに与えた自信と誇りは、津久志小学校にとってはとても大きな意味を持っていたように思う。

4　子どもの眼差し

最初の授業

年度当初の研修計画に一応の区切りがついたところで、やっと宮坂義彦先生に指導に入って頂くことになった。十二月のことである。

長野県の研究会で先生たちは宮坂先生との面識ができたとはいうものの、いざ来て頂くとなると、先生たちはやはり緊張し、身構えるようであった。

「どんな授業をすれば良いんかねえ。下手な授業をして、手のつけようがないと言って笑われはせんかと思うと、怖いよ。」

「下手だからどうすれば良いかを具体的に教えてもらうんでしょうが。我々とは子どもを見る目が違うんじゃけ、宮坂先生の介入では何が出てくるか分かりゃぁせん。良い授業をしようと思わんでも良いんよ。」

「そうは言ってもねえ。」

「ようするに、宮坂先生が介入できる材料を提供できさえすれば良いんですね。」

「そうそう、それぐらい気楽に構えておけば良いんよ。」

そんなやりとりで津久志小学校に初めて宮坂先生を迎えた。

一・二年生の複式学級では、田中さんが「スイミー」の授業をした。次のような教材である。

その　とき、いわかげに　スイミーは　見つけた、スイミーのと　そっくりの、小さな魚の　きょうだいたちを。
スイミーは　いった。
「出て　こいよ。みんなで　あそぼう。おもしろい　ものが　いっぱいだよ。」
小さな　赤い　魚たちは、こたえた。
「だめだよ。大きな　魚に　たべられて　しまうよ。」
「だけど、いつまでも　そこに　じっと　して　いる　わけには　いかないよ。なんとか　かんがえなくちゃ。」
スイミーは　かんがえた。いろいろ　かんがえた。うんと　かんがえた。

最初は何となくざわざわとした感じの授業だった。が、宮坂先生が入られると、子どもたちの表情はぴりっと締まってきた。

「これが岩だとするよ。『いわかげ』って、どこなんだろうね？」

「あのねえ、ここらへんだと思う。」

「あれ、それは『岩の横』ではないの？　こっちとどう違うの。」

最初は「そんなの簡単よ」とのんきに構えていた子どもたちは、そう切り返されて身を乗り出してきた。目をキラキラさせながら、勢い込んで次々と挑戦する。

「じゃあ、『いわのあいだ』と書けば良いじゃない。『いわかげ』って書いてあるよ。」

その度に宮坂先生に撃退されて必死で考えている。子どもだけではない。授業を参観している私たちもみんな、いつの間にか子どもと同じレベルで授業に参加している。どう読み取れば分かったことになるのか、私たちにもよく分からないのだ。

「もう降参かい？」

「いや、降参せん。もうちょっと待って。」

子どもたちは顔を真っ赤にして考えている。ぼんやりと自分の頭の中にあることを探りながら説明する目は、遠くを見つめている。物音一つ立てずに、身体全体で考えているその姿は、私たちにも、どの子が一年生で、どの子が二年生なのか見分けがつかないくらいしっかりとしていて、大きく見える。

だが、その授業では、とうとう結論は出なかった。

授業とは、教師の解釈したことを子どもの口で言わせたり、それを教え込んだりすることが目的ではない。子どもたちが、自分の考えと、自分の考えとは違う他の人の考えとをぶっつけ合いながら、それまでに獲得した知識や生活経験をフル動員させて自分の力で追究する。そうした経験を数多く積み重ねさせることで、子どもたちは論理的に思考し、筋道立てて自分の考えを発表する力を身につけていくのだ。

こうした賢い子どもを育てるためには、何と言っても追究に耐える学級を育てることが大切なんですよ、とその授業で教えられたように私は思った。追究の質はまだまだ低いにしても、田中学級では追究に耐える学級が育ってきている。そういう意味では、この授業は、学級作りの典型を示し、これからの学校としての方向を決める素晴らしい授業だと思った。

結局、この授業では、宮坂先生は「いわかげ」とはどんなところか教えられなかったのだが、簡単には教えないわけを、

「自分が苦労して分かったものだけがほんもので、簡単に教えてもらったのでは、分かったつもりになるだけで駄目です。だから、私は簡単には教えないのです。」

そう言って笑っておられた。井口さんはいつも「出し惜しみをせずに、あっさりと教えてくれてなら良いのに、宮坂先生はいつもあの調子で教えてくれてんない。」と言っている。が、私はどちらかと言えば教え魔の方なので、宮坂先生を見習わなければと思っている。

事実、この時以来、私の頭の中では「いわかげ」とはどんなところなのかということが気にかかっている。そのおかげで今では「大きな魚の視線が岩によってさえぎられているところ」がこの場合の「いわかげ」であるという解釈を持つことができるようになったと自分では思っている。したがって、あの場合、大きな魚が見えるか見えないかを問題にすれば良かったのではないかと、今にして思う。

私のこの時の体験からしても、課題として心に残るような教え方の方が時間はかかっても自分で解決することになるのだろうと思う。「山内さんは親切だからね。でも、その親切は本人のためにはならない親切だと私は思いますよ。」と宮坂先生からよく言われるので教え魔から脱却しようと思うのだが、私には「待つ」ということはなかなかできない。教え込む方がずっと簡単なのである。

ところで、この日に見てもらった授業では、どの教室の授業でも、宮坂先生が入られるとたんに子どもの表情が生き生きとし、火がついたように活発に活動した。いくら理屈を言ってみたところで、子どもが身を乗り出し、目をきらきらと輝かせて、喜んで勉強しているという日常の授業では見ることの少ない姿が事実として目の前にあるかぎり、それだけでもう私たちに足りなかったものを認めないわけにはいかなかった。

「宮坂先生が入ると、何で子どもがあんなに動くんかね。」

「これは、すごい。本当に子どものための授業だと思うよ。私らも、ああいう子どもの眼にするように、勉強せんといけんね。」

先生たちのその反応が、授業のテクニックを見るのではなく、教育の本質に目を向けていることが嬉しかった。この子どもの表情を今しっかりと自分の眼に焼きつけておいて、今度は自分の実践でこの表情を生み出してみせる。教師として生きるかぎり、それを生涯の課題としてほしいと思った。

この日の研修で具体的に教えてもらったのは、どの子どもも、先生や友達の考えを聞いた時には、必ずそれに対して反応し、口を開かなければならないということであった。さらに、手を挙げた子どもだけを相手に授業することの差別性を厳しく指摘され、言葉では「全員を授業に参加させる」と簡単に言うけれど、実態は必ずしもそうはなっていないということを、その日の授業の具体的な例でもって教えてもらった。

その日の指導を、私としては、当面「発言する時の口の形と、聞く時の顔の表情」にこだわることから始めれば良いかなと思って聞いた。

実際には、教材の中から、追究に耐えるほどの内容がある部分を見つけることの大切さなど、たくさんのことを教えてもらった。その中で何を受け取るかは、教師の力量や、その時の学級の課題などによってそれぞれまちまちであろう。それはそれで良いのだが、学校の現状と照らし合わせた時に、学校全体として何をクローズアップさせて取り組むかを示すのは校長の仕事である。

その方法としては、例えば「口形にこだわって取り組みましょう」と決めて、みんなで取り組むというのは現実的ではないと思う。それぞれの教師によって当面の課題が違うからである。だから、指導者のことばの中の何を受け止め、何にこだわるかというのは担任によって異なっても一向に差し支えない。だが、日々の授業を見に教室に入った時、私は口形にこだわって授業を見て、できていなければそれを指摘する。指導を受けた直後はこだわっているにしても、時間がたつにつれて薄れてくるのは、目の前の問題に追われている担任としては仕方のないことだからである。その目に見えない積み重ねが、学校としての方向を作っていくように私には思えるのである。だから、指導者のことばの何を大きく受け止めるかは、校長は校長として決める必要があると思っている。

もちろん、授業を見て指摘したり担任の先生の相談に乗ったりするのは、例えば口形のような一つの問題だけではない。先生によって要求のレベルが違うのだから、到達の程度に応じてそれに答えられなくてはならないし、それに答えられるだけの準備をしておかなくてはならないことは言うまでもない。しかし、どのレベルにあったにしても、基本的に忘れていては困るもの、それが何かということを自分としては密かに見極め、それにこだわるのが私流のやり方である。

校内研修を公開する会

授業はもちろん、表現朝会での合唱や体育朝会での柔軟運動での子どもたちのキラキラと輝く目を見ていると、この姿を公開することで先生たちは今自分のやっている仕事の意味を自覚することができ、自信をつけることができると思うようになってきた。私は子どもが全身で考え、顔を真っ赤にして頑張るその姿に感動して涙ぐむこともたびたびあるのだが、先生たちはわりと平気な顔である。先生たちは自分のやっている仕事のすごさを自覚していないのではないか、そう思った。

井口さんも同じようなことを感じていたらしい。「山内さん、公開研究会をするつもりはないん?」と持ちかけてきた。それがきっかけで、私の心の中では「公開研究会」が現実のものとなって動き出した。

一方、年末から年明けにかけて人事が動き出し、井口さんが校長として昇任する気配が濃厚となってきた。私の気持ちの中には、せっかく井口さんと一緒になれたのだから井口さんのいる間に一緒に公開研究会をやってみたいという願いがあったし、もちろん公開研究会をするとなると、井口さん抜きには考えられないことでもあった。

それは先生方には言えない私の方の一方的な都合なのであるが、そんな事情があったものだから、根回しも何もなく、年間計画にもないことを、突然提案した。

先生たちはもちろん大反対であった。

「年間計画にもないことがぼんぼん入ってくると、進度に影響するので困りますよ。」

「公開研究会というのは、結局は、自分らはこれだけやっていますよ、と見せるためにやるのであって、本当に自分たちの勉強になるとは思えませんよ。」

「明日にでも今ある事実を公開すれば済むことで、特別な準備は何もする必要はないんです。この学校で日常的に行われていることが、今の教育界ではどんなにすごいことかということを皆さんは気がつかないでしょうが、私は今までにたくさんの学校を見てきて、そう思っているんです。こんな田舎の、こんなちっぽけな学校に、こんな事実があるということは、日常的だからこそすごいことなんです。ですから、この事実を公開することは、今の教育界に大きな一石を投じることになると思うんです。」

私は、子どもたちにどれだけ力がついてきているのか、ということを例に上げながら、自分の仕事の持つ意味を自覚してほしいということを説いた。一方、井口さんは井口さんで、公開研究会を経験することが自分の教師生活にとってどれだけプラスになるかということを、自分の経験を交えながら説いた。

その結果、本当に自分たちの勉強になるのであれば、ということで妥協案が生まれた。

「校内研修を公開する会」という、前代未聞の研究会が誕生したのである。

開催日は二月二十三日。四人の担任がそれぞれ一時間ずつ授業をして、宮坂先生に介入してもらう。教科はどの教科でも自由。もちろん、お互いの授業への飛び込みは平常通り自由である。その後一時間、宮坂先生に体育と音楽の手入れをしてもらう。体育は、体育朝会でやっている柔軟運動の他に、学級の実態に応じて、マットや跳び箱、行進など。音楽は、全校合唱のほかに、学年部で歌っている曲。そして最後に全体講評会をする、という内容である。

これを見ても分かるように、あくまでも授業が中心である。私は、今のような時代だからこそ、授業に目を向け、授業の質に食い込んでいかない限り、いくら授業の形態やその周辺部をつついても、さまざまな教育問題の解決にはならないと考えているからである。

ところで、この「介入授業」というのは、介入を受ける私たちにはもちろんのことながら、介入をされる宮坂先生にとっても、何が出てくるか分からない真剣勝負の場である。介入が成功するという保証はどこにもない。

さらに、この「介入授業」という研究方法については、教師の人権を無視している、ということで批判する人もいる。

しかし私が思うに、「介入授業」というのは、一般的ではないかもしれないが、合意と信頼のもとに成り立つ一つの研究方法で、実践する立場からすると、その場で事実で示してもらえるわけだから、これほど分かり易く、納得できるものはない。それに、自分の見落としていたものを拾ってもらったり、今何をすれば良いのか一瞬見失ってしまった授業の方向を示してもらえるわけだから、授業者は子どもに対して安心できる。だから先生たちも喜んで受けるわけだけれど、しかし、これを一般に公開するとなると、どんな人が見に来るか分からない。批判の的になるのは宮坂先生である。

そういう状況が分かった上で宮坂先生にお願いしようというのだから、考えてみれば相当に無茶な校長である。

無茶と言えば、この「校内研修を公開する会」をすることになったときも井口さんは、

「山内さんは、強いのう。自分の情熱を真正面からぶっつけて、それでものにしてしまうんじゃけ、純粋さは強いよねえ。」と感心していた。策略も何もない、思い込んだら百年目という単純なところが井口さんには「強い」と映るのであろう。ちなみに私自身は、井口さんの「強さ」にはとてもではないが足下にも及ばないと思っている。

また、この時の職員会議のことが「笑い話」として先生たちとの間でよく話題になったものだが、そんな時先生たちは、

「あの二人のコンビにかかったら、私たちぐらい、赤ん坊の手をひねるようなもんよ。理論で来い、実践で来い、経験で来い。私たちが勝てるわけないじゃ。それに、二人とも口がうまいときているから、ころっとごまかされて。まあ、あの時は、私たちが何を言うても空しい抵抗をしてみるだけよ。」

いつもこう言って、からからと笑う。

こうして生まれた「校内研修を公開する会」は、一時間目の一・二年生の授業から、熱気のうず巻いたものとなった。子どもたちは、目を皿のようにして教科書に食い入り、目をキラキラとさせて発言する。子どもらしく、それでいて一年生や二年生とは思えないほ

どしっかりとした考えに、参観者から何度どよめきが起こったことか。授業を見ながら涙で子どもの顔がかすむという経験は、そんなにできるものではない。本当に子どもらしくあどけない子どもたちが、とにかくひたむきに考えている姿を見ていると、私自身、顔は笑っているのに何故か目から涙があふれてくるのである。

授業が終わると、参観された人が次から次へと「すごい、すごい」と言いながら職員室にやって来る。それほどみんなの興奮がうず巻いていた。校長室に帰られた宮坂先生も、のどが渇きましたと何度もお茶のお代わりをされたように、子どもたちも授業者の田中悦子さんも、そして授業に介入された宮坂先生も、みんなが全力をぶっつけ合ってできた授業であった。

二時間目以降も、三年生の国語の授業、四年生の社会科の授業、五・六年生の国語の授業と続いたが、一・二年生とはまた違った興奮で、それぞれに学ぶことのある授業であった。特に社会科の授業での宮坂先生の介入は、私にはとても新鮮であった。

この授業をするにあたって、元泉さんは長野県の農協や沖縄の役場などからたくさんの資料を取り寄せ、準備万端整えて授業を迎えた。けれど、宮坂先生は、教科書の記述から子どもに問題を見つけさせて考えさせるという方法を示して下さった。このことについて宮坂先生は、

「元泉さんのやろうとしていたことや、せっかく取り寄せた資料を無駄になってしまって大丈夫でしょうか。」

と、とても気にしておられたが、私は、表やグラフの読み方にうなってしまった。そして元泉さんの、

「私は何の役にもたたなかったけど、子どもにあれだけ火がついてものすごく考えているんですから、すごいですね。研究授業じゃ言うて特別に構えんでもいいんですよね。要するに、普通のことを丁寧にやって、子どもの頭を働かすことが目的なんでしょう。」

ということばが、私の印象に残った。

ところで、この研究会で、津久志小学校では「作戦タイム」というのが生まれた。

三年生の国語「手ぶくろを買いに」の授業でのことだが、宮本さんの計画している指導案の方向のままで授業を続けるか、それとも宮坂先生の介入の方向に切り替えて授業を進めてよいものかどうかと、宮坂先生から相談を受けた。私はもちろん「宮坂先生の介入の方向で」と即答したわけだが、すると宮坂先生は、

「今から宮本先生と一緒に作戦を立てるからね。」

と声をかけて前に進まれた。そして、授業の方向について三人で話し合いを始めた。

それを見た津久志の先生が、どかどかとみんな黒板の前に集まって来た。参加者の目な

んか誰も気にもとめていない。まさに「校内研修を公開する会」の真髄である。

するとと驚いたことに、子どもたちが、

「僕らも話し合いをしようや。」

と言って教室の真ん中に車座になり、話し合いを始めた。おそらく私たちがこのことばをどう解釈するかと話し合っていることばが耳に入ったのであろう。その子どもたちの議論は、私たちの話し合いが終わってもさらに続いていた。そればかりか、授業が再開してからも、子どもたちの方からストップがかかり、

「先生、作戦タイムをちょうだい。」

との要求が出て、教室の真ん中で話し合いが始まる始末であった。そのあまりの無邪気さは参観者の笑いを誘ったのだが、その子どもらしさがいじらしくて、私の涙腺はゆるんでくるのであった。

これ以来、先生たちや子どもの間で「作戦タイム」が日常的に定着してきた。

今考えてみると、津久志小学校で「作戦タイム」が定着したのは、先生たちが主体的だったからだと思う。

介入授業というのは難しいもので、介入を受けている方が、どういう意図で介入されているのか分からないことがよくある。しかし、そんなとき津久志の先生は、自分が納得し

なければ、子どもの前であっても納得するまで食い下がってきた。私が授業に飛び込んでも、相手が校長だからと言ってあいまいに引き下がることはない。だから必然的に「作戦タイム」となるわけだけれど、そういう自由な雰囲気が子どもたちを開放的にし、子どもたちの主体的な学習態度を育てたのであろうと思う。

第二回の「校内研修を公開する会」は、二年目の十一月十八日に開いた。このときの要項に私は次のような挨拶を書いている。

ご　あ　い　さ　つ

先日、講師の先生に指導してもらったあとのことです。

「私らがあれだけ指導してもどうにもならんかったのに、魔法にかかったように子どもが変わるんじゃけ。」

「私らは子どもを本当に愛してないんじゃないかと思うよ。」

こんな会話が職員室で飛び交いました。教師としての自分を見つめるこのことばを、実践を通じて傲慢さを捨てた人間でなければ吐けない言葉のように私は感じ、身内にふるえるものを覚えました。

しかし、こんな教師集団であっても、事実として、本当に子どもの力を引き出し、子どもを育てているかとなると、話は別です。

私たちは、子どもを良くするのも悪くするのも教師のやり方次第である。そして、借り物ではなく、苦労して自分の手でつかんだものだけが本物であると考えて、今日まで自分をみがく営みを重ねてきました。その営みの中で、宮坂先生を初めとする講師の先生方から指導を受けるたびに、こちらのやり方次第で子どもはどうにでも変わる、という事実をいやというほど見せられてきました。

また子どもたちの吸収力の速さに驚いたり、思いもつかない発言にとまどったりと、気がついてみれば、子どもたちの方が私たちより先に進んでいるのではないか、という恐怖に追いかけられている自分があります。

さらに、「『子どもを育てる』ということから目をそらすことのないように」と常に自分自身を戒めてきたはずなのに、ともすれば子どもを動かす技術とか授業の方法にばかり目を向けてしまって、目の前の子どもの事実とかけ離れたことをやって子どもを苦しめているということもしばしばあります。

自分のこのような力のなさを知れば知るほど、私たちにはこの「校内研修を公開する会」が必要でした。私たちにとってはこのような意味を持つこの会で、皆様方のお力をお借りすることで少しでも子どもたちを伸ばすことができるならば、私たちとしてはこれにすぎる喜びはありません。

寒さのますこの山間の地に遠路はるばるお出で頂き本当にありがとうございました。

――――

それまでにも、宮坂先生の指導を受ける時にはいつも外部からの参観者を受け入れていたので、実質的には校内研修は常に公開していたことになる。ただ、「校内研修を公開する会」と銘打って全国に公開するとなると、参観者の数が多くなりすぎて実質的な研究にならなくなるおそれがあったので、一般の参観者は一応五十人に制限させてもらったのだが、町内の関係者も含めると、結果的には百人近くにふくれ上がってしまった。

新年度を迎えた私の学校経営方針

新年度になってゴールデン・コンビは解消された。井口さんが東小学校の校長として昇任したのである。それにともなって教頭に田中節江さんを迎え、さらに複式学級が一学級解消されて田丸ひろみさんを迎えた。

新年度発足にあたって、私は次のような学校経営方針を発表し、学校要覧に掲載した。

1．教育目標

〈集中力があり、主体的に生きる子どもの育成〉

人の言うことをきちんと聞き取ることができ、常に頭を働かせて自分から行動することのできる子どもになれば、その子どもは「集中力があり、主体的に生きている」と考えてよいのではないか。

2．学校経営の方針

①教師である自分を人間としてみがく

たとえ教え方はまずくとも、教師の人間性が子どもを変えると言うことはありうることで、そういう意味では、教育は「人」である。もし子どもが悪くなったら、それは自分の責任であると考えて教師である自分を人間としてみがき、その上でどんな思いをしてでも輪郭のはっきりとした子どもを育てなければならない。そうして子どもを育てることが、同時に人間としての自分を成長させることにもなる。

②教師としての専門性を培うため、はだかになって学ぶ

教師という仕事は職人と同じで、子どもを変える事実を創り出すためには、教師としての専門性を身につけておかなければならない。それには、研究者や優れた実践家を自ら求め、そして、どんなものからでもはだかになって学ばなければならない。

③あらゆる領域で子どもを育てる

教育というのは、何かで自信をつければそれが波及して別の面にも効果を及ぼすということがある。だから、ある時期には一つのことを徹底してやり、それで子どもに自信をつけさせるということはあって良いことである。と同時に、学校の教育は、教科学習に限らずあらゆる領域の中で行うべきで、中でも、並んだり歩いたりなどの日常行うことで、本当に主体的に行動しているかどうかにこだわり続ける必要がある。そんな地道な日常の営みの積み重ねでこそ真に主体的な子どもは育つのだと考える。

④開かれた学校にする

私たちは、「教育とは何か」ということを実践を通して哲学的に捉えておかなければ、教師が最善であると思ってすることが、むしろ子どもをだめにしてしまうということがある。教育という仕事はそういう怖い側面を持っているということを自戒して、常に「教育とは何か」ということを自分の仕事に問いかけ、子どもの事実でもって検証していきたいものである。要するに、自分の仕事が独りよがりにならないためには、学校というのは社会に開かれたものでなければならない。

3．重点目標

(1)　一人ひとりが力を出しきって学習する集団をつくる。

①人の言うことは、一回で正確に聞く。

②常に頭を働かせ、自分の判断で行動する。

③不思議に思ったり、変だと思うことを問題として追究する。
④自分の考えは必ずみんなの前に出す。
⑤合唱や表現・行進など、他の人と対応して、身体で自分を表現する。

(2)　継続して取り組むことの大切さを分からせる。
①毎朝の走ろう運動を続け、自信をつけさせる。
②時間を工夫して毎日柔軟運動を行い、あらゆる運動の基礎づくりをする。
③書き込みやノートづくりを工夫して、個人学習を充実させる。
④掃除や草花づくりなど、努力の成果が目に見えるように工夫する。

(3)　小規模校で学ぶことの良さを最大限に利用する。
①美術館を利用した学習など、校外学習を積極的に取り入れる。
②器械運動など個人指導を要する教材を積極的に利用して自信をつけさせる。

(4)　心のふれあいを大切にする。
①世代間交流・ふるさとづくりなど、地域との交流を深める。
②交流学習、集合学習など、他校との交流をして人間関係を広げる。
③山百合訪問、地域美化活動など、勤労生産奉仕活動をすすめる。

(5)　中身のある研修にするよう工夫する。
①事実に即して考えるような授業研究を中心に据える。

②校内研修を公開する。
③教職員の人間性を豊かにするための研修を取り入れる。
④雑談を大切にする。

この学校経営方針は少なくとも総花的ではなく、もしかすると広島県では少し変わっていると思われるかもしれない。

しかし、私は、これほど具体的で、校長の顔つきがはっきりとした経営方針はないと自分では思っている。一言で言えば、教育は「人」である。だから、教師を育てるのが校長の仕事ですよと、校長の責任を明確にした内容になっている。しかも、今まで津久志小学校でやってきたことを意味づけて広がりを持たせ、これからの方向をはっきりとさせているつもりである。

私は、これまで二十数年間、公立学校の教師をしてきたが、自分の勤める学校の教育目標を覚えたことは、たったの一回しかない。その一回というのは、恥ずかしながら校長の登用試験の問題に出るかもしれないからと聞いて覚えたにすぎないもので、子どもの教育の指針として覚えていたことは一度もないというのが実情である。私がずぼら教師であるからそうなのか、あるいは、学校というのは一般的にそういう実態にあるのかそれは分からないが、いずれにしても私のそういう経験から、学校要覧に書いたこの「教育目標」が先生方に覚えてもらえるとは最初から期待はしていなかった。

人間としてまだ未熟な子どもが「人間」になるために必要な要素はいろいろあると思うが、子どもが自分で自分をつくるためには「集中力」と「主体性」とは最も根源的なものであると私は考えている。だから、教育目標を書いてどこかに掲げたりするよりも、日常の教育活動のどんな場面でも「集中力」と「主体性」という二つのものさしで子どもを見ることにこだわって具体的に見えるようにする方が、少なくとも子どもにとっては教育目標が実態のあるものになると思った。したがって、「集中力」とか「主体性」という極めて抽象的なことばをどう具体性のあるものにするか、その方法が、

『集中力』とは、人の言うことをきちんと聞き取ることであり、

『主体的に生きる』とは、子どもが頭を働かせて自分から行動することである。

という「子どもの見方」だったわけである。

また、重点目標の「力を出し切って学習する」「継続して取り組む」という項目は、授業や日常活動の方法を示すとともに、どんな生き方をしてほしいか子どもに要求することを示したつもりである。一日に一ミリの成長を目指して常に全力を出すという生き方はもちろんのこと、自分が成長するためには人の力を借りなければならないのだということを

教えてほしいと願った。それに、「小規模校で学ぶことの良さ」「心のふれあい」の項目には、子どもに自信と誇りを持たせたいという願いがある。

例えば、この中の「美術館を利用した学習」は、私が校長をしている間にはとうとう実現しなかったけれど、一枚の絵を目標に県立美術館などに出かけて行き、その絵の前に座って「絵の鑑賞の授業」をしたいという私のねがいを書いたものである。こんなことは津久志のような小規模校でなければできないことである。この子どもたちが国際人として成長した時、こうした小規模校でなければできない投資をすることで、もしかすると「自分たちは、ほんものを求める教育を受けてきた」と誇ってくれるかもしれないと夢見ることは楽しいことである。

また「雑談」の大切さは、津久志の先生にしか分からないようで、いろいろな人から驚きや批判のことばをもらった。この雑談については、教頭の田中節江さんは次のように書いている。

「校長先生の学校経営方針の中に、雑談を大切にするということがありました。初めの頃は何となく分かったような気がしていましたが、一年間たって本当に良く理解できました。雑談の中身は、教材研究、授業の進め方、子どもについて語ること、その他諸々です。職員室でその雑談の中へみんなが入り込み、自分を解放してものが言えることが大切だと私なりに解釈しました。本当に雑談に花が咲いた一年間でした。」

研修というのは、学校という組織でその方向が決まれば、究極的には個人の問題になってくると私は思っている。だから、一人ひとりに求めるものがあり、問題意識がありさえすれば、たとえ雑談であっても、その雑談の中に、その時々の課題がみんなの前に出てくるものである。だから、取り立てて研修の時間を設けなくても、雑談が発展して教材研究になったり、ときには絵の描かせ方になったりなどと、個人の成長につなげることはできるはずである。小規模の学校であればこそ、そういう形式にこだわらない、本当に自由な雰囲気の学校にすることはできるであろうし、そうなれば、毎日学校に来てみんなの輪の中に入るのが楽しくて仕方がないというふうになるのではないか。ただし、私としては、その輪の中に入り切れない人が出ないように気を配らなければならないのはもちろんである。そして、みんなもアンテナを高くしておく必要がある。要するに、鈍感であってはいけないのですよ、という私の要求が「大切にする」ということの意味である。

「どうぶつの足」の授業

宮坂先生には、この年は「校内研修を公開する会」を含めると、都合五回もの指導に入ってもらった。

最初は新学期が始まってすぐの四月十四日からの二日間、まだ学校の体制が整わないうちではあったが、担任と子どもの最初の出会いが肝心だと思ったので、指導案も用意しないまま、子どもにどんなことを要求すれば良いのか、学級づくりの基本を教えてもらった。歌に限らず、朗読の時の口形や声の出し方など、とにかく基礎を丁寧にすることを学んだ。それに、手を挙げた子どもだけを指名するのではなくて、どの子どもにも口を開かせ、自分の考えを表明させることにこだわらなくてはならないということも指摘された。

こうしてたびたび指導に入ってもらった中で、一つだけ印象に残る授業を上げるとすると、私にとっては何と言っても六月に指導に入ってもらった時の一年生の国語「どうぶつの足」の授業である。

これは　らくだの　あしです。あしの　うらが　ひろがって　います。らくだは
さばくを　あるきます。それで　あしが　すなに　しずまないように　なって
いるのです。

この教材を元泉さんが「どうやって教えたら良いのか、教えてもらえませんか。」と言って持ってきた時には、正直なところ、本当に困ってしまった。私はそれまで、小学校の教材ではほとんど文学作品ばかりを勉強してきたので、小学校、それも一年生の説明文はどうやって授業をすれば良いのか見当もつかなかった。それだけに、何としても挑戦してみたいという思いはあるのだが、いくら読んでみてもみんな簡単に分かってしまって、疑問なんか沸いてこないのである。だから、この教材で授業をするのはあきらめて、物語教材にするかという話にもなるが、元泉さんは、誰かがやったものを同じようにするのは気が進まないという。

そこで、ことばを一つずつ辞書であたってみることから始めた。

「足」＝どうぶつの胴から下に分かれて伸びた部分。身体全体をささえたり、これを使って身体を進ませたりする役をなす。〔狭義では、足首から先の部分、すねに対して直角に曲がる部分を指す。〕

これが手がかりとなって教材が少しずつ見えてきだし、二人で発問をひねり出す。

「『足』というのはどこからどこまでを指して言うの？」

「『これは　らくだの　あしです』とあるが、『どうぶつの　あしです』の間違いじゃないの？　だって、題は『どうぶつの　あし』となっているよ。」

「『これ』って何？　別の言葉で言い換えるとすると、どういう言い方ができるかな。」

「手の場合は『ひら』なのに、足の場合はなぜ『うら』なんだろう。」

「『広がっている』というのを『大きくなっている』と言っても同じかな。」

などと、いろいろ考えてみた。

私たちには教材がなかなか見えなかった上に、せっかくひねり出した発問も「ちょっと難しいんじゃないです？　相手は一年生ですからね。」とか「理屈っぽくなり過ぎよ。」などとつぶれていき、結局この教材研究は何日もかかってしまった。それでも次第に教材が見えてくるにつれて、二人ともすっかり気にいり、この教材を良い教材と思うようになってしまった。

宮坂先生をお迎えする二、三日前のこと、元泉さんが、

「校長先生、子どもがものすごく食いついてきて、とてもおもしろいんですよ。」

と言って、職員室に飛び込んで来た。「足はどこを指して言うのか」という発問が子どもに火をつけたらしい。そして次の日だったと思うが、

「『これは　どうぶつの　あしです。』と言えるか言えないかという問題を、子どもの方から見つけたんですよ。」

と言ってまた飛び込んで来た。

そういうことがあって宮坂先生に授業を見てもらったのだが、その授業は「それで」を問題とする授業であった。宮坂先生はその授業では飛躍していると思われたのであろう、「足はどこを指して言うのか」という介入をされた。すると元泉さんは「それはもうやりました」と言ってにこにこしている。私はそのやりとりを聞いて、とても嬉しかった。それは、今までは宮坂先生の意外な介入に度肝を抜かれるばかりであったが、このとき初めて宮坂先生の目指しておられる方向が見えたような気がしたからである。そして「読む」ということは言葉を限定する作業であり、低学年では特にこのことを丁寧にやっておく必要があると自分なりに整理できたように思った。

ところで、「それで」を問題にしたこの授業では、文と文との関係の読ませ方を教えてもらった。そのやり方はともかく、この授業でも子どもたちは目をすえて考え込み、一年生でも「追究の授業」ができるということが分かった、ということが私にとっては何よりの収穫であった。

それにもう一つ、この授業を一緒に見ておられた細田武良先生が、授業の最後に、砂漠の様子と動物の足の分類について子どもたちに話をして下さった。そのとき子どもたちは目を輝かせ、身じろぎもせずに聞き入っていた。その集中力のすごさに、私は背筋に電気が走るような感じを受けた。

細田先生の話を聞くだけでも、子どもたちの目は確かに深く考えていた。後で細田先生から、説明文の読み取りについて、

「子どもの成長のためには、説明文であってもことばを手がかりに読み取り、子どもたちに深く考えさせるということはとても大切なことである。だがその一方で、科学的に明らかにされた知識は教師の方できちんと教える必要もあるのではないか。知識の乏しいところでいくら考えさせてみても、それは低い次元でうごめかせるだけになりはしないか。」

という指摘を受けた。単線でものを考えるのではなく、また違った目でものを考えられるようにならなければならないと思った。

動物園の見学

津久志小学校に来て、保育所の兼丸園長さんや馬場先生と話をしているうちにその人柄に魅かれ、保・小一貫の教育はできないものかと思うようになってきた。そこで、保育所の先生にも小学校の教育を理解してもらうため、ことある毎に小学校の様子を見に来て下さいと声を掛け、研修の様子もたびたび見てもらった。もちろんこの授業にも声を掛けて

来てもらった。子どもたちの目の輝きを目を丸くして語っておられた先生方の姿が印象的である。

また、この教材の授業は、保護者の間でも驚きをもって受け止められた。

三日間の研修を終えたすぐ後、ＰＴＡの定例授業参観があり、一年生の授業では「どうぶつのあし」の続きの場面が行われた。そして、その日はちょうど飲み会があり、向原徹さんと隣になった。

「山内先生。保育所の時にはあれだけがさがさしていた子どもなのに、たった二か月かそこらで、どの子どももものすごく集中して勉強するんじゃけ、涙が出たわ。わしの子どもでもあれだけしっかりしたことを言うとは思いもせんかった。まだ一年生なのに、大人でも考えつかんようなことを発言するんじゃけ、すごいねえ。

子どもがあれだけ深う考えて、一生懸命勉強するんじゃけ、大人も頑張らにゃいけん。安佐動物園の僕の知り合いに頼んであげるけ、動物の足を見に連れて行こうや。運転は僕がするよ。机の上だけが勉強じゃないでしょう。」

すると、隣に座っていた門田和三さんも、

「それなら、うちのマイクロを出して上げらあ。」

と乗って来た。

「親の協力体制はすぐにできるんじゃけ、連れて行くか行かんか、あとは校長の決断次第よ。」

向原さんにこうけしかけられて引き下がるわけにはいかない。二年生の担任の田丸さんも交えて、その場で決まってしまった。

そして当日。

安佐動物園の見学から帰って来るなり、向原さんが職員室に飛び込んで来た。

「津久志の子の集中力はすごいわ。動物の足を見に行く、という目的がはっきりしていたからですかね。動物園の人の説明を、まばたきもせずにじっと聞く姿に感動したわ。よその小学校も来ていたが、がさがさして全然話を聞きゃあせん。だんぜん差がついとった。津久志の子はほんまに良い。」

動物園での子どもの様子を興奮した面持ちで報告するのであった。

子どもたちも、象の足の裏に触らせてもらったと、お土産に貰ったチンパンジーの足形を持って口々に報告に来た。担任の先生も、二年生のリーダーぶりがすごかったと、とても嬉しそうであった。

翌日からは、見てきたことをまとめて壁新聞を作ったり、絵や作文に書いたりと、学習を発展させていった。今でいう「総合学習」であろうか。そして、この時描いた絵や作文を安佐動物園のコンクールに応募し、何点か入選もした。

この頃はまだ「総合学習」ということばはなかったし「総合学習」を意識して取り組んだわけではない。だから、これが今求められている総合学習に当てはまるのかどうかは分からないが、でも私は、「どうぶつのあし」の授業は最も典型的な「総合学習」だと今では自負している。

総合学習というのは、子どもの実態に応じて柔軟に学習する自由が保証されたのだと私は理解している。だから、子どものためにこれをやってみたいという熱意と願いとが教師の側にありさえすれば、総合学習のために、わざわざ何も特別なことをしくまなくてもよいのだと思う。教師の側に自由な発想さえあれば、いろいろな形で必然的に生まれてくるはずである。ただし、それは、あくまでも教科内容と結び付いたものでなければ、質の高いものにはならない。

私がこのようなことを書くのは、「総合学習」のために何かをしなければならないという発想で、子どもの実態とはかけ離れた実践が行われることを心配するからである。そして、ことばを厳密に読むという方向からだんだんと離れていくことを予感するからである。自分で自分の事実を作り出す教師を育てない限り、いくら総合学習という制度を取り入れたとしても、悪くなるぶんとも決してよくなることはないと思えてならない。

実践家から学ぶ

学校の教師に限らず、どの世界においても良い指導者というのは、到達させようとするイメージを具体的に持っているものである。そのイメージがあるから、指導の工夫もするし、アイディアも生まれる。

そう考える時、学校が学校になるためには、子どもたちに到達させようとする世界が具体的なイメージとして教師の間に共通のものとなっていなくてはならない。その子どもたちに到達させようとするイメージを私は「ねがい」という言い方で表現しているが、校長として描く「ねがい」を先生方にどうやって理解してもらい、共通のものとしていくか、それが最も大切な校長の仕事だろうと思う。

私が最初から口癖のように「子どもを育てる」ということばを使ってきたのは、何はともあれ、校長の「ねがい」を、ことばとして端的に提示するためであった。ところが、「歌で子どもを育てるのです。」とか「絵で子どもを育てるのだ。」などと言うと、いつでもそうだが、先生方はみんな分かったような顔をする。でも私は、最初から「育てる」というのはどういう意味で使うのかが分かってもらえるとは期待はしていない。

そこで次のステップとしては、「教師の子どもを見る見方」を時間をかけて共通にすることである。

私は「育つ」ということばを「主体的な人間になる」という意味で使っているつもりなので、「子どもの心の状態が自分からやる気になっているかどうか」とか、「子どもが自分の頭で考え、自分のことばで語っているかどうか」で「子どもが育っている」かどうかを見分けることにしてきた。そういう見方をすることで多少とも子どもが見えるようになってきたと自分では思うものだから、その見方を先生たちは自分のものにしてもらいたいと思った。

子どもの見方をこのようにことばに出して言うのは簡単だけれど、実際の授業の中で、子どもがどんな姿を見せれば「子どもが育っている」と言えるのかということになると、そんなに簡単には分からない。よほど警戒してかからなければ、子どもの活発そうな動きにごまかされてしまって、良く考えれば主体的でもないのに「子どもが育っている」と見誤ってしまうことが往々にしてあるものなのである。

だから私は、子どもの姿を見て感動した時、その場面を目に焼きつけておいて「子どもの何が育っているのか」と繰り返し考え、後で自分なりに納得する理屈をつける、というような見方をしてきた。そうすることで一面的でない子どもの見方ができるようになってきたように思うし、それに、こういう姿でこのような絵を書かせてみたいとか、こんな表情で歌わせてみたいなどという「ねがい」を持つこともできるようになってきた。

要するに、校長の仕事としては、日常の教育活動の中で「子どもが育っている」と思って感動したことを取り上げては「すごかったよ」とみんなの前に出していく。そうやって私が感激して歩いているうちに、「そう考えれば子どもはすごいですね。」とか、「言われてみれば、なるほどと思います。」「へえ、自分でも、けっこう立派なことをやっているんですね。」などという声が出てきて、いつの間にか子どもの見方が共通になっていくのである。

しかし、それだけではどうしても私の描いているイメージに近付けないものがある。例えば、境小学校の運動会で、六年生を先頭に入場して来た時の、あの明確な意志を持った子どもたちの清潔な姿。大田小学校の六回の公開のように、歌によって顔の表情が変わってくるひたむきな合唱の姿。宝塚の細田梠子さんの「磁石」の授業で見た真に解放された学級の子どもたちのあどけなさ。世羅中学校で指導を受けた時の近藤幹雄先生のピアノの音の違い。それらはいくら話をしたって分かってはもらえない。

それを理解してもらうためには、「人間を育てる」とは、こういう「質」の、こういう「姿」を子どもから引き出すことである、という実例を、事実として目にするのがいちばん早道である。しかも、毎日接している津久志の子どもを通して学ぶのでなければ、どこかに逃げ道を設けてしまう。そう考えたので、時々私の尊敬する実践家に来てもらって直接子どもに指導をしてもらった。

細田椙子さんに朗読と表現の指導をしてもらった時には、じっとしているだけでも自分に内面があれば人間になることができるのですよと指導されて、人間になろうと真剣な眼差しで立っていた子どもたちの姿が今でもまぶたに浮かんでくる。私たちは、指導に内容がありさえすれば、一年生の子どもでもあれだけ集中できるのだということを知った。さらに、花火になって表現する時のあの伸び伸びとした子どもの様子から、心が解放され、自分の頭で考え工夫した時の子どもの姿とは、こんなにも無邪気でかわいいものだということを知ることができた。

私は、若い時からこのような実践を目にするために、休暇を取り、身銭を切って県外にまで出かけて行った。そういう意味では、津久志の先生は幸せである。じっとしていても、この世の中に稀有な実践を、すぐ身近で目にすることができるのだから。だが、どんなにお金を使っても、実際に目にすることのできるチャンスというのは限られている。斎藤先生の実践を目にすることはもうできないのだ。

私たちが学ぶということは、人が良いと言うものや、自分がこれはと思ったものを信じて、たとえその時理解できなくても、とにかくそれを自分の目にしっかりと焼きつけておくことである。そうしておけば、自分に力がついてきた時にそれがよみがえってきて、その時に本当に自分の力となってくれるはずである。良い実践にふれる機会を数多く作って質の高い「ねがい」を持てる教師を育てること、それが校長としてしなければならない最大の仕事である。

西岡陽子さんの描画の授業

西岡さんに指導に入ってもらった時には、低学年、中学年、高学年と授業をやってもらい、それを公開した。残念ながら郡内の先生方の参加はほとんどなかったけれど、県内はもちろん、県外からもたくさんの人の参加があった。中には高等学校の先生も何人か参加していた。

低学年は、学校で飼っている鶏と遊んで「鶏」の絵を描いた。驚いたことに、二時間のうち一時間はほとんど鶏についての講義で、西岡さんの知識の豊富さにびっくりしてしまった。何年か後に香港で鶏の足の甘煮を食べた時、鶏の足のうろこのような模様は恐竜の足と同じだという話を受け売りしたくらいに西岡さんの話は強烈な印象として残った。

中学年では、机の上に立った子どもの写生をした。いきなり足から描くのだが、立つという行為がいかに人間的な行為であるのかという話をしながら足の構造を見させたその話の中に、人間であることの誇りを持ってほしいという強烈なねがいのようなものを見ることができた。さらに高学年では、校庭にポプラの木を見に出て、体育館で墨絵を描いた。西岡さんの話のテーマは「生命」だと思った。

こうして西岡さんの話を聞きながら、絵を描くことに限らず、私たちは、子どもの心に「事件」を起こすことにどれだけ心血を注いでいるだろうか。そして子どもはもちろん、教師である自分も、人間として生きるということに本当にこだわり続けているのだろうかと、自分をふり返らずにはおれなかった。

ところで、三・四年生の子どもが御堂前宏彰君をモデルとして絵を描き始めた時のことである。西岡さんの指示に従って、まばたきもせずにモデルを見つめ、じっくりと描き進めていくその子どもたちの眼差しを見た時、突然、私の目からどっと涙があふれ出してきた。本当に突然、頬をつたった涙が、手にしたバインダーの上にぽたぽたと落ちてきた。あとは、しゃくり上げそうになるのを必死でこらえなければならなかった。子どもというのは、これほどまでに集中できるものなのか。大勢の参加者に囲まれているというのに、頬を赤く染めて、ただひたすらにモデルを見つめている。その絵の世界に入りきっている子どもの眼差しには、何ものをも寄せつけない厳しさがあった。七割はモデルを見つめるのよ、という西岡さんの指示を信じきっているその素直さが、いかにも子どもらしくて、たまらなくいじらしかった。

五・六年生のポプラの絵は、習字道具を使って描いた。筆の使い方にかなり苦労しているようではあったが、ある者は木の幹のこぶに、ある者は枝のはり具合に、そしてある者は地面に浮き出た根にとそれぞれにポプラの生命を見つけて、それをどう表現しようかと悩んでいる。中腰のまま一瞬手を止め、目を据えて考えるその姿には、いっぱしの芸術家のような雰囲気すらあった。こうしてでき上がっていく一人ひとりの絵の違いを見ているのは、とても楽しかった。

子どもへの描画の授業が終わって、津久志の職員と参観者とを対象に、西岡さんの実践について話をしてもらった。その話のために西岡さんは、新幹線で大阪からわざわざ大きな荷物を担いでやって来て下さった。その話は、子どもの発達段階に応じて、一年生の時からどのようなことを積み上げなければならないのかということがよく分かる話であった。と同時に、私にとっては、子どもを大切にするとはどういうことなのかということを背骨にたたき込まれたような話であった。それに、西岡さんの学級の子どもたちの絵を見ていると、「子どもの可能性を引き出す」などということばは簡単には使ってはいけないのだという気がするのであった。

実はこの会に、高等学校で理科の教員をしている私の長男が、不登校に陥った自分の学級の生徒を連れて参加していた。

その生徒は、西岡さんが体育館の床に絵を並べながら説明するのを、最初は体をはすに構え、体育館の壁にもたれて聞いていた。それが間もなく、参加者の人ごみのすき間や足の間から、のぞき込むようにして作品を見るようになってきた。そして終には、いちばん前に出て、てきぱきと作品の片付けを手伝い始めた。にこにことして、とてもさわやかな顔であった。そうなると私も気楽に声をかけることができた。

その晩は私の家に泊まったのだが、彼はよくしゃべった。あとで聞くと、こんなにしゃべったのは初めてで、「僕も小学校か中学校の頃に西岡先生のような先生に出会っていたら自分の人生は変わっていただろう」と言っていたそうである。

この研究会で、私は、津久志の子どもたちの素直さと集中力に感動し、とても嬉しかった。そして、西岡さんを送りに行った車の中や喫茶店での話の中で、いろいろな発想ができ、強烈に自分を主張できる子どもを育てなければならないという宿題を貰ったように思った。いずれにしてもこの研究会を境として津久志小学校の子どもたちの絵は変わってきた。

5　校長の仕事

単元学習

校長の仕事として最も大切なのは子どもの事実に即して教育内容を創造することであるというのは、校長であるかぎり誰でも考えることである。だが、何をもって「教育内容」とするかというところで校長によっての違いが生まれる。

私は斎藤先生と出会って若い頃から「授業」について勉強してきたので、当然私の考える「教育内容」は、日常の授業に目が向いている。だから私は、「授業」を核として学校づくりに取り組んだわけだけれど、校長によってそれぞれ得意とする分野は違うし、校長による「教育内容」の違いもあるわけだから、校長が変われば学校が変わるというのは仕方のないことである。というよりは、校長によって学校が変わるということはとても良いことだと私は思っている。なぜなら、校長によって学校が変わるという事実が出るということは、それは校長が「学校づくり」という校長としての仕事をしたということであるから、その場合は学校が機能的に動いているはずだし、そして活気のあるものになっていると思うからである。

一方、校長の立場になってみると、それぞれの学校には積み重ねてきた歴史もあり、子どもや同僚の教職員、あるいは地域の様子など、その時々の条件によって方向が決まるところもあるし、力を入れなければならないところも違ってくる。だから、最初から校長として自分のやりたいことを固定的に考えていると、うまくいかないで、胃潰瘍になるというような思いを味わう結果になりかねない。

平成七年四月、津久志小学校にはわずか二年足らずで大田小学校に配置替えになった。大田小学校は、斎藤先生の指導を受けた六回の公開以来、その翌年を除いて毎年公開研究会を続けてきている学校である。だから、研修のシステムなどはとてもしっかりしており、新年度が始まった時にはすでに研修計画は立てられている。

だから私が赴任した時にはもちろん新年度の方向は決まっており、校長のする仕事と言えば、決済の判こを押す以外には講師の先生との折衝や送迎などだけで、言うなれば、組織の上に乗っかって、ただ言われるままに動いておれば良いだけである。だから、こうしたシステムの整ったしっかりとした学校の校長というのは、校長として自分の仕事をしようとしさえしなければ、波風も立つことはないし、楽に過ごせるようにできている。

研修について言えば、大田小学校では、私が赴任する数年前から、国語の「単元学習」というのを研究していた。教頭さんや研修主任の先生の説明によると、子どもの個性を伸長し、主体的な子どもを育てるのがねらいのようであった。私はこれまで「単元学習」については全く勉強してきていなかったので、それを理解するのがまず最初にしなければならないことであった。

だいたいにおいて私は、人が良いというものは、どんなものでもまず無条件に受け入れてみる方で、自分でやってみて、その結果でもって自分にとって良いか悪いかを自分で判断する。そして、部分的にでも「これは使える」と思うところがあれば、それだけを自分に取り入れるようにする。このように良い所取りをすることで自分の幅を広げようとしてきたので、この時も自分を無にして、自分の目で「単元学習」を見てみようと思った。

しかし、研修が進んでいくにつれて、自分の納得できない所が次第に目につくようになってきた。それは単元学習が良いとか悪いとかという問題ではない。

何よりも私が気になったのは、教師の主体性の問題である。

研修というのは、そもそも、受け入れる側が子どもに対する課題を持って受け入れるのでなければ、形ばかりが先行して中身のないものになってしまう。例えば、子どもが主体的に動けないから何とかしたいと悩んだ結果、主体的な子どもを育てる方法の一つとして単元学習に行き着いたというのであれば、単元学習という「形」にこだわるわけではないから、それは良い。しかし、「これからの時代を生き抜くには個性を伸ばさなければならない」という大命題がまずあって、そのためには単元学習という学習形態で「なければならない」として取り入れたのであれば、それはどんなに優れたものであっても子どもの現実とはかけ離れたものになってしまう。

実際に、講師の先生から、単元学習というのはこういうものですよと、理論的に、そして実践的に教えてもらうわけだけれど、担任の方は講師の先生の描く単元学習のイメージに近付こうと汲々としている。どうすれば単元学習になるのかとあれこれと苦しんでいる姿を見ると、一生懸命にやっているだけに胸が痛んだ。

大田小学校という学校は、毎年公開研究会を開くということが前提としてあるものだから、実際問題としてこうなるというのも仕方がないことだろうとは思う。だが、アイディアをひねり出すのに苦しんでいる担任を見ていると、単元学習という学習形態をとりさえすれば主体的な子どもが育つと考える呪縛から解き放って、もっと「主体的な子どもを育てる」ということにこだわる必要があるような気がした。単元学習というのは星の数ほどもある学習形態の一つである。どんな形態の授業であっても、教師のやり方次第で、主体的な子どもにすることもできるし、指示や命令がなければ動けない子どもにしてしまうこともできる。その「やり方」にこだわることの方が、子どもを育てるということにおいてより現実的であるように感じるのであった。

本来、優れた実践には必ず何らかの法則性があるはずである。その法則を実践の中から抽出し、理論としてまとめるのが学者の仕事である。しかし、学者の提唱する理論を絶対的なものとして、その理論に子どもの現実を合わせようとするのには無理がある。

一人ひとりの教師が実践家として自立していれば、学者の提唱する理論を疑ってかかるはずである。少なくとも実践する際には、納得するまで食いついてあたりまえである。そういう意味では、ものわかりの悪い教師こそ本当は主体を持った教師と言ってよいのではないか。「主体的」というのは疑ってかかることである。「主体的な人間を育てる」という単元学習の目的のいちばん遠い所にいるのが教師ではないか、と私には思えるのであった。どうやら、教師としての力量を育てるいちばんの鍵は、主体的な教師に育てるということであるように思った。

内心そう思いながら見ていても、校長としてはなかなかそれを口にすることはできなかった。担任はせっかく一所懸命に前を向いて頑張っているのに、校長が否定的な言い方をすればやる気をなくしてしまう。

とは言っても、先生の中には私のことを「満を持して大田小学校に乗り込んできた。」と言って警戒する人もあったし、「大田の教員の中には、校長さんが大田小学校に来ると聞いて『山内校長が斎藤教育を持ち出したら、言やぁげてやる。』と待ち構えている人がたくさんいるんですよ。」と言う人もあったぐらいだから、先生たちの中には私が単元学習に対して批判的であるという風に見る人もいたと思う。事実、私の中にこのような否定的な気持ちが生まれてきて、それが言動の端々に出ていたのかもしれない。

だから、私自身としては、自分に固定的なものがあって、良いものが「良い」と見えなくなっているのではないかと自分を疑いながら毎日を過ごしていた。そうしながらも、授業を見、子どもを見ていると、私の持っている価値観とは何かが違うのである。

学校は、一日中ざわざわとした感じで抑揚のない騒音が続き、私の耳には集中力はまるで感じとれない。それに、授業を見て回っても、一瞬シーンとした静寂の後で、はじけるような子どもの声が起こるあの快いリズムのある授業には、ついぞお目にかかれなかった。子どもの我がままを許すというのと、主体性や個性を大切にするというのとは別物である。結局、集中力が育っていないというのが私の率直な感想であった。

また、こんなこともあった。

単元学習というのは、それぞれの興味や関心に応じて調べたり発表したりすることが多く、そのこと自体はとても良いことである。だが、その発表は、どの学年でも、多くの場合とうとうと流れるような口調で発表される。あらかじめ用意した原稿を覚えての発表であるから、滞ることはないし、抑揚もない。それに、小学生のものとは思えないような難解なことばが続く。いくら難しくてもそれは自分の力で獲得した知識やことばである、という積極的な評価もあるけれど、私には意味も充分理解できないまま書き写したことばであるように思えた。司会者のことばにしても、大人のことばを子どもの口を借りて言わせられているようなそんな感じがして、子どもが子どもらしく見えないのである。

さらに、誰かが発表したり意見を言っているときの他の子どもを見ると、自分が発言することだけに頭がいって、聞いていない子どもが多い。中には遊んでいる子どももいる。だから、ある時たまりかねて研修主任の先生に言ったことがある。

「あんた、本当にあれで良いと思うとるん？　あんな授業をやっていたら、子どもに怠けることを教えているようなものよ。それに、自分の言いたいことだけを言うて人の言うことは聞かん、自分勝手な人間をつくることになるじゃない。」

「それでもねえ、校長先生。宮坂先生に来てもらうと言うと、大田小学校はひっくり返ったようになって、それこそ目茶苦茶になってしまいますよ。それほどみんな抵抗があるんですから。」

私は何も宮坂先生の指導を受けようということを持ち出したわけではなかった。単元学習をマスターしようとするその研修の方向を軌道修正して、子どもの事実に目を向ける訓練をする方向に持っていかなければならないのではないかということが伝えたかったのであるが、私に向けられた警戒は、とうとうそういう話にはならなかった。

若い先生の中には、「斎藤喜博は、もう古い。」と公言してはばからない人もいたくらいだから、波風を立てないように、子どもの事実とは関係のないところで気を遣わなければならないのだから、胃カメラを飲むことは絶えることがなかった。

ささやかな仕事

そういう状況の中でも、何もしないわけにはいかない。目の前の子どもの事実を一つずつ変えていくしかないのだ。それも、私の手で直接変えるというのではなく、担任の手を通して変えるのでなければ、担任の力量は身につかないし、意味がない。だから、先生たちの勉強になると思われる事実が目についた時には、子どもの前であろうが、遠慮なく口出しした。その方が自分に対しても正直だったのである。

帰りの会か何かで全校児童が運動場に集まった時のことである。子どもはざわざわとし

てなかなか静かにならなかった。すると、担当の先生が朝礼台に上がって、

「目をこちらに向けて、目で聞いて下さい。」

と言って話を始めた。

「先生、子どもがみんな先生の方に目を向けたということを確認しました？　先生が子どもに『目をこちらに向けて』と要求したのに、目を向けていない子どもがいても話を始めると、先生の話は聞かなくても良いのだということを教えることになります。もう一度目を向けているかどうかを確認して、話を始めて下さい。」

先生が叱られているような気になったのか、子どもたちは次第に私語をやめていった。

「先生、声が大き過ぎるよ。大田小学校の子どもは力があるから、小さい声でも聞き取ることができます。子どもの力を信用せにゃあ。」

先生への語りかけであるが、子どもは誉められている。シーンとなって、中には背筋まで伸ばして聞いている子どももいた。

後でこの先生は、

「ありがとうございました。あんな風に教えてもらったのは初めてです。とてもいい勉強になりました。これからも遠慮せずに教えて下さい。」

と言ってやって来た。こういう素直な先生がいるということで、自分の仕事のできるとこ

ろがまず一つ見つかったような気がした。いずれにしても、この出来事がきっかけとなって、教師の指示は一回で聞き取らせる、ということにみんなこだわり出した。

こういう調子で時々口出しをしたが、どちらかと言えば、先生たちのやっていることの中から私の感動したことを取り上げ、それがいかに感動的であるかを解説することの方が多かった。

例えば、全校朝会の後で、体育館に座った子どもを立たせる時、掌を上に向け、無言で両手をゆっくりと上に上げる指示の仕方を見たことがある。それについて、

「子どもは先生を見ていなければその指示に従うことができないわけだから、ことばを発しないということで集中力をつけているんですよ。さらに、ゆっくりと手を上げることで動作を丁寧にさせているんですが、それは心を育てることにつながります。だから立ち上がるときの音が心地よいでしょう。子どもの心の状態というのは、立ったり座ったりする時の音ではかれるのですよ。」

と近くにいる人に解説した。

こういうことを重ねていると、先生たちは、集中力ということを意識して指示をし、ことばを選ぶものだから、子どもを誉めることも多くなった。それに連れて次第に子どもたちの集中力がついてきて、学校はいつの間にか落ち着いてきた。

そうなると不思議なもので、教育委員会の広山一子さんから、

「大田は、どうしたん？　今月はたったの四件しかないが、忘れてきたんじゃない？

大田は今までにこんなことはなかったのに。」

と指摘されて初めて分かったことなのだが、日本体育・学校健康センターへの治療費の請求が、私が赴任した年の四月・五月にはそれぞれ二十数件あったのに、六月にはわずか四件に激減してしまっていたのである。

そういうエピソードめいたことはあったにしても、私の口出しの影響の及ぶ範囲は近くにいる人に限られるし、すぐに消えてなくなるものだから、みんなの共通の財産とするためにはそれを書いておく必要があると思った。次の二つの文章は私が大田小学校に転勤した最初の年の運動会と公開研究会が終わった後に、それぞれ校内の先生方に対して書いた文章である。

運動会で何を育てるのか

運動会の練習を見ていて、私は、時々「大田の子どもは、すごいなあ。」と、心底ほれぼれすることがある。

きりっと背筋が伸びて立つやわらかな姿。話をきちんと聴き取れば、間違いなく自分は成長

するのだと信じきっているかのように、先生の話にじっと耳を傾ける素直な姿。「歩くことは人間になることだ」という私の語りかけに応えて、深い目つきで歩く聡明な顔。そんな子どもたちの様子を見るたびに、この子どもたちの姿をしっかりと目に焼きつけておいてほしいと、私は先生方に願わずにはおれない。この子どもたちの姿は、将来先生方が他の学校に移った時、その学校の子どもを見る一つの尺度になると思うからである。「この子どもの姿はなにかしら違う」と、自分の担任する子どもを目の前にして悩む時があるに違いない。そして「あの時の大田の子どもの姿に近付けなければ」と、自分の目に焼きつけた子どものイメージと重ねて実践の目安にする時があるかもしれない。そういう値打ちを、私はこの子どもたちの中に見ている。それだけになおさら、この子どもたちをもっともっと質的に高めていかなければ、という思いに駆られてならない。

○

先日、ある学校に行った時のことだが、私の見るかぎりその学校の子どもには、大田の子どもに見るような集中力はまったく見受けられなかった。そして、その学校に今年転勤したばかりの先生と話す機会があったものだから、私は、つい、

「あの子どもの集中力を見ていると、なかなか大変じゃね。」

と言わなくてもいいことを言ってしまった。すると、その先生は、

「ほんと、ここの学校に来た時、最初はびっくりしました。何をするにしてもあの調子で、

わいわいがやがやと話を聞こうともしないんですからね。全校合唱の指導をした時にも、『息を吸いなさい』と言っても、『何を言いやがりゃ』という顔で、しれーっとして、こっちの言うことをまったく無視するんですからね。こっちが要求しても、要求したことが入らない子どもには、どのように指導すればいいんですかね。」

と、待ってたと言わんばかりに悩みを話し始めるのであった。

私たちの長い教師生活の間にはこういう子どもと出会うことはよくあることである。多くの学校ではこれが普通なのだと、私は思っている。いや、ちょっと油断をすれば、大田の子どもだって、集中力をなくしたり無感動で無表情な子どもになるのはすぐである。そして、このような子どもの表情の動かない学校では、いじめや不登校などの問題が起こっても不思議はない。

○

ところで、私たちの運動会の指導は、果たして子どもを育てることになっているのかどうか、今一度考えてみる必要があるような気がする。

例えば行進の指導。先生方の言葉がけは概して次のようなものであったように思う。

「手を振って。」

「指先まで神経を使って。」

「下を見るな、前を見て。」

「音楽に足を合わせて。ハイ、右、左。右、左。」

「前との間隔を空けて。」

「胸を張って。」

「歩く」ということだけから考えた場合には、歩き方に注文をつけるこれらのことばは、決して間違っているとは思わない。歩く姿勢、視線、歩調、他との関係、みんな大切なことである。しかし、教育という観点から見た時には、それでは子どもを育てることにはならない。私には、それらのことばは、単なる「指示」「命令」としか聞こえないのである。まず第一の問題点は、これらのことばは、子どもたちのやっていることはだめだだめだと言っているに等しくて、子どもの欠点を並べて、それを矯正する指導になっているということである。それでは子どもが自信をつけ、自分に誇りを持つことにはならない。

二つ目の問題点は、このような指導では、日頃、口では「主体的な子どもに育てる」とか「子どもの個性を伸長する」と言っていても、事実としては、そうはなっていないということである。つまり、先生の言ったそれらの言葉に子どもが忠実に従うということは、子どもは、手を振って歩いたり、その手を指先まで伸ばして歩くことなどが良いとする先生の価値観に、自分を合わせることになるのである。それは、自分を表現し、自分を主張する世界とは程遠い世界の営みである。だから、大田の子どものように先生の言うことを素直に聞く子どもにとっては、人に合わせ、一つの価値観に統一される生き方を教えられることにつながるのである。

私は、行進の指導を見ていてそう思ったから、行進の練習をやり直ししてもらい、「歩くということは人間になることだ」という話をしたわけである。

要約すれば、二本足で立ち、音楽という文化を持つこの素晴らしい「人間」である自分が、歩くことで「自分は夢や希望に大きく胸膨らませて、前向きに生きているのだ」という思いを表現するにはどういう歩き方をしたら良いのか、それを工夫して歩いてほしい。参考のために言えば、人間らしい姿勢を保って歩くためには、腰で歩くとか、視線を遠くに持っていって歩いた方がより大きな希望を見つめることができ、より人間らしい歩き方ができるのですよ、という内容であったかと思う。

このように話しかけただけで子どもたちの歩き方はまるっきり変わったと思うが、子どもというのは賢いもので、このように目的を大きく投げかけるだけで、大人の及びもつかない事実を出してくるものなのである。とは言え、目的を大きく投げ出して、その目的に到達する方法は子どもに任せるということのようなやり方は、教師が子どもの力を信頼しなければなかなかできないことである。

それに、子どもの力を信頼する教師は子どもの出してきた事実に目が向く。子どもはどういう歩き方が良いのかという価値観を自分の中に求めて歩くのだから、子どもによって一人ひとりその工夫はみんな違うはずである。姿勢だけではなく、つま先で人間らしさを表現する子ども、足音で表現する子ども、胸で、目で、指先で人間らしさを表現する子ども。その違いを見つけるために、教師はそれこそ目を皿のようにして子どもの事実に目を向けるはずである。そうして子どもの工夫を見つけた時には、それこそ感動して、自分のことばで子どもを誉めることができる。

子どもの自信や個性は、こうした営みの積み重ねで育つのだと私は考えている。

しかし、子どもの力にたかをくくり、子どもはできないものだと初めから決めつけている教師は、こと細かく指示をし、命令をする。その結果、教師には目的が分かっていても（実は教師にも何がしたいのかがつかめていない場合が多いのだが）子どもには何のためにするのかが分からず、ただロボットのように動かされるだけということも起こりうる。

もちろん、中には自分がどう工夫してよいのかが分からない子どもも当然出てくるはずである。その時には、人間らしい歩き方にはこんなのもあるし、こんなのもあるよと幾つか並べてやって、その中のどれを選ぶかは子どもに任せるという方法をとるとよい。目指すものがはっきりしていれば、時には、私が指示、命令と聞いたことばであっても、有効な場合があるかもしれない。

また、ついでのことに言えば、先生方の声かけの中には「自分の力を出して」とか「頭を働かせて」ということばもあった。このことばは子どもを育てるためには極めて有効なことばだとは思うけれど、考えてみれば、今日の自分は人間らしく歩くことができたと思ったときに「力を出せた」という満足感が得られるのだし、人間らしく歩くための工夫をさまざまにしたぞ、と自分で判断した時に初めて「今日は頭を働かせた」と自分を誉めることができるのである。要するに、子どもに何をすれば良いのかが明確につかめていなければ「自分の力を出す」ことにはならないし、どんな工夫をするのかということが具体的につかめていなければ「頭を働かせる」ということばは具体性を持ったことばにはならない。そういうことから言えば「自分の力を出しきって」とか「頭を働かせて」ということばは、やや上滑りの感がしないでもない。

○

もう一つは校歌の指導の場面。指揮者の曽根さんは、校歌を歌う前に次のような要求をした。「私が檀の上に上がると、こちらに顔を向けて下さい。そして、このように構えたら一斉に歌う姿勢をとって下さい。」

子どもは、曽根さんが手を上げるのに合わせて、一斉に、ザザッと動く。私の感覚では、これは「不快」で、異様な光景にうつる。

子どもの判断はどこにあるのだろう。まるでみんなが同じでなければならないという思想そのものではないか。校歌を歌うということは子どもには初めから分かり切ったことなのだから、先生の合図を待たなくても、自分の判断で適当に歌う姿勢をつくればいいではないか。姿勢だけではない。歌のイメージも、子どもなりに自分で作らなければならないのだ。にもかかわらず、手に合わせた姿勢だけを要求されれば、その姿勢だけしか作らない子どもになってしまうではないか。

それに、手の合図に合わせて一斉に姿勢をとるという要求をした場合には、どうしてもその合図に合わない子どもも出てくる。その要求からはみ出た子どもは小言を言われるばかりで、それでは教師が小言を言う材料を作っているに過ぎないのではないか。事実その時にはやり直しをさせていたが、やり直しも小言の一種である。

常日頃から自分で判断することに価値を求めていたならば、檀の上に立った時、自分の判断で歌う姿勢を作った子どもを見つけて「賢いねぇ。次にどうしたら良いかちゃんと考えている。」とか、「みんなの目を見ると、歌の内容までちゃんと考えている。すごいねぇ。」などと誉めることができるのに。

そう思ったから、私はそのことを曽根さんに伝えた。するとその次の練習で曽根さんは、最初の約束事を訂正し、その意味を的確に子どもに伝えていた。

そういう曽根さんだから、おまけに私の気付きをもう一つ。

運動会で歌う校歌は、きれいに歌う方が良いのか、力強く歌う方が良いのかという問いかけのあと、

「あの上に書いてある大田小学校の校歌の一番の歌詞で言えば、皆さんはどの行で力一杯に歌いたいか、手を挙げてみて下さい。」

とたずねた。その結果、ほとんどの子どもが「おお創造の　大田校」という最後の行に手を挙げていた。

曽根さんは、その子どもの反応に対して、自分の選んだ行を力一杯歌うようにと言って歌わせたわけだが、この時私は、せっかく良い指導をしていながら、惜しいなあと思って見ていた。この場合、

「自分は大田小学校で成長していると思っているんだね。だからみんなは、大田小学校を誇りに思っているんだ、すごいね。」

とか、

「『創造』というのは、自分が何かをして自分の手で大田小学校を創るぞという決意を含んだ言葉ですからね。『今日はバトンを上手に渡すぞ』という決意でもいいし、組体操の土台になる人は『痛いのを我慢して頑張るぞ』というのでもいい、とにかく今日の運動会で頑張ろうと思うことを声の中に詰め込んで歌ってね。そうすれば、みんなが誇りにする大田小学校が創れるからね。」

とでも言ったとしたらどうだろう。ただ物理的に大きな声を張り上げるというのではなくして、同じ大きな声でも内容のある声になるのではなかろうか。

教師というのは、このように子どもの反応に応じてとっさに子どもに切り返す力を持たなければつとまらない。子どもというものは、どう反応すれば教師は喜ぶかということを見抜く鋭さを持っているのだから、いつも子どもの計算に乗ってしまっていては、すぐに子どもに見くびられてしまう。集中力のない学級というのは、すでにそういう関係が担任と子どもとの間に

できていると考えて間違いない。教師の方が子どもより常に一歩先を歩いていなければならないのだ。したがって、ユーモアでも日頃から蓄積しておかなければとっさには出てこないように、子どもに切り返すことばも、優れた実践家や同僚から盗んで蓄えておく必要があるのである。

そういう意味において今の大田小学校は、実践の場でお互いに横から口を出し合い、互いに切磋琢磨するという開かれた関係になっていないというのは残念である。この職場には本当に力のある人は一人もいない。だからこそお互いに少しずつの知恵を出し合って、その知恵を財産として積み上げていくしか子どもに力をつける道はないのではないだろうか。

○

今の大田小学校の子どもは、集中力もあるし、何にでも興味を示し行動的である。今はそうであったとしても、もし私たちが形式的なことばかりを要求して、先生のことばが子どもの心に届かないということを繰り返していたならば、子どもはすぐに荒れてくるに違いない。子どもが良ければ良いほど子どもの要求は高くなるものだから、私たちはその要求に応えるために勉強しなければならない。子どもはこの程度しかできないのだからと考えて、子どもに手を貸し、親切にすることがむしろ子どもをだめにしてしまうということもありうるのだ。運動会の練習だけに限らず、形式的な要求が目につくと、ついそんな心配もしてみたくなるのである。

（一九九五年十月）

この文章は具体的で、分かりやすく、とても良い文章だと自分としては今でもそう思っている。だからこれを出した時、先生の中にはこの内容についてにこにこと語りかけてくれる人があるだろうと、内心期待していた。

ところが、意外なことに、職員室の先生はみんな体を固くしているような感じで、何か不気味な雰囲気が漂っていた。なんとなく変だなとは思っていたが、それから二、三日して、一人の先生が代表という形で抗議にやってきた。

「校長先生、これにみんな不満を持っていますよ。」

聞いてみると、不満の材料はいろいろあるらしかったが、中でも「今の大田小学校は開かれた関係になっていない」「この職場には本当に力のある人は一人もいない」という部分でカチンときたらしい。他にも「本人は何も言わないけれど、個人の名前を上げて書いているので本人は傷付いているのではないか、今後はこういうことのないように配慮してほしい。それに、運動会の指導のことばについても、校長だけが賢くて、先生はみんなだめだという書き方である。」と言うのである。結局、

「校長さんは、私らを、力のない、みんなつまらん先生ばかりが揃っていると思っているのか。」

と言う抗議であった。

私としては謙虚になって勉強してほしいというつもりで書いたのだが、素直にそうは受け取ってもらえなかった。なかなか難しいものである。

この文章のどこがいけないのか私にはどうにも腑に落ちないものだから、単元学習の指導に来てもらっていた講師の先生にも読んでもらった。

「ここの先生は幸せね。こんなふうにきめ細かく具体的に教えてもらえるのですから。こんな学校ってありませんよ。」

と、こちらの方は高く評価してもらい、それでなんとなく自分の気持ちは治まった。

結局、私が大田に来たばかりで、私という人間が分かってもらえていないから仕方のないことかもしれないし、あるいは「斎藤教育」に後戻りさせようとしているのではないかという警戒感がそういう形で吹き出すのかもしれないと、自分で自分を納得させるしかなかった。

それでも私は性懲りもなく、公開研究会を終えた後、次のような文章を書いて配った。

子どもを育てる「歌」

歌で何を育てるのか

今年の公開研究会では六年生の合唱にとにかく感動した。とても印象的であった。習字の時間に「机をくっつけないで六列にして下さい。」などと言っても、まったく無表情で、まるで無視するように動こうともしないあのしらけた六年生の姿を見るかぎりにおいて、今年の六年生の課題は「どうやって彼らに自信を取り戻させ、自分に誇りを持たせるか」だと、かねてより私は思っていた。その彼らが、今、目の前で胸を波打たせて息を吸い、声を張り上げて歌っている。それも、一人残らず。特に、石井君と若山君の二人の声がよく聞こえてくる。そんな彼らの姿を見ていると、

「みんなが声を出すから、私もみんなに引っ張られて声が出せるんですよ。」

「どうだ、俺たちもやればこんなもんだ。」

私には、彼らがそう得意そうに呼びかけてくるように思われてならなかった。真に安心して力を出すことができる喜びとか、みんなで一つことを成し遂げたという成就感、それにみんながいるから自分の力が引き出されるのだという仲間意識を知ったのは、もしかすると彼らにとってはこれが初めての経験なのかもしれない。そう思えるほど、どの子どもも威厳に満ちた顔をして歌っていた。

とは言いながら、今思い起こしてみて、あれが合唱として最高のできだったとはどう考えても思えない。「川」の時には、どことなく不安の影を覗かせていたし、テンポも早過ぎたと思う。それは、公開研究会の後に行われた「せせらぎ音楽祭」の時の合唱と比べて見ても明らか

である。にもかかわらず、公開研究会では、歌を聴いている間中涙が止まらなかった。それに比べて、歌としては出来の良かった「せせらぎ音楽祭」の時の合唱は、鳥肌が立つほど背筋にぞくぞくと来るものを感じはしたが、公開研究会の時のような涙は出なかった。いったい研究会のあの合唱には何があったのだろうか。

これについて私は、たぶん子どもたちは、自分の心の中で自信のない自分と闘いながら歌っていたので、それが私たちの心を打ったのだろうと思っている。歌は未完成で自信の持てないものであったかもしれないが、少なくともその自信の持てない歌に挑戦し、逃げないで真っ向からぶつかっていく心だけは確立されていた。それは六年生としてのプライドがそうさせたのかもしれないが、少なくともそういう心は担任が意図的に働きかけないかぎり育たないものである。

一方「せせらぎ音楽祭」では、自信満々に堂々と歌った。その歌いぶりには余裕すらも感じられた。それを見て自信のない自分との闘いを経験し、それに勝利することで、彼らは自分がどうすれば良いかを知った。すなわち、少なくともこの瞬間は「主体の確立された人間」になっているのだと思った。

私はよく「歌で子どもを育てる」ということを言ってきた。特に大田小学校に来て「きれいな声を出させる」という声を聞くたびに、「それで子どもが育つのか」という言い方で、どちらかと言えば否定的な論拠として用いてきた。そういうことから言えば、研究会のあの合唱は

「子どもが育つ」という典型を示してくれたのだと思う。

自分の自信のなさや不安などに立ち向かって自分から前向きに生きていく人間は、もちろん歌だけでできるものではない。指導者が、どんな場面でも、どういう人間を育てるのかというところに目を向けていなければ、そういう人間は育たない。そして、少なくとも技術を要求したのではそういう子どもを育てることはできないのだと私は思っている。

技術は後からついてくるものである。歌で言えば、自分の思いを表現するためには音楽的な技術を持たなければ表現できないわけだから、技術を身につけることは当然必要である。だから表現しようとする「思い」のところをきちんと入れてやりさえすれば、技術は放っておいても子どもが自分から身につけようとするものである。要するに、技術の習得はその必要がある時に支援してやればいいわけで、決して目標となるものではない。したがって、あくまでも音楽なら音楽を通して子どもをどう育てるかというところに目を向けなければならない。

「子どもに、きれいな声で歌うのと大きな声を張り上げて歌うのとどっちが良いかと聞いてみたら、大きな声を出して歌いたいと言うんで、そうすることに決めました。思いきり声を出した方が歌ったような気がする、と言うんです。子どもがそう言うんならそれでもいいかと思って、腹をくくりました。」

研究会の二、三日前、伊場田真彦さんがそう言ったことがある。常々「きれいな声」をと言っている伊場田さんが、自分の主義主張にこだわらないで子どもの言うことに合わせるということは、力を出させるためには彼らにとって今何が必要かということを考えたからである。私は「子どもを育てる」とはこういうことだと思う。子どもに寄り添っているから子どもが「見える」のである。

音楽的には「きれいな声」で歌うことは必要なことである。だが、子どもにとっては歌と自分とが対決する時「きれいな声」で歌うのと「思い切り声を張り上げて」歌うのとどちらが力を出し切れるかと考えた時には、子どもによっては「思い切り声を張り上げて」歌う方が力を出し切れる場合もあるのである。声量もあり歌の質を追究することのできる子どもに育った時には、もちろん「きれいな声」を求めなければ子どもは満足しないだろう。何を求めるかは、要はその時の子ども次第である。

選曲について思うこと

今年の研究会では、低学年の選曲が良くなかったと私は思っている。そのために研究会の直前にもかかわらず、強引に二年生の曲を差し替えた方が良いのではないかと殿内さんにすすめたわけで、その責任は私にある。

二年生の曲を差し替えた直接の原因は、どう見ても曲が難しくて、二年生の子どもには歌いにく過ぎたということにある。それに、二曲とも同じ作者の曲で同じ傾向のものであり、構成上の問題もあったからである。殿内さんによれば、ボツになった曲は子どもが大好きなんだと言うことであったが、それでもその曲は大人の歌で、子どもらしさを引き出すのにはそぐわないものだと判断したわけである。

これは趣味の領域であろうから他人に押しつけるわけにはいかないが、大人の曲をもっともらしく分かったふりをして歌う、そんなこましゃくれた子どもを見ることは私には耐えられない。できることなら、歌が上手とか声がきれいであるなどということには関係なく、口の形や息吸いなど、先生に教えられたことを守れば自分の歌が上手くなるのだと信じ切って、力を加減することも知らず、ただひたすらに歌う子どもの姿が見たいと思っている。そういう子どもらしい子どもを育てることが私のねがいである。

教育の場における「良い曲」というのは、子どもの本来持っている良いものを引き出して、子どもを育てることのできる曲である。

それでは具体的にはどういう曲が良いのか、それについて私はこう考えている。

小学生にとって歌を歌うための基本は何かと考えた場合、私には専門的には分からないが、どんな指導者の指導を見ても、少なくとも「息吸い」と「口の形」についてはいつも要求されている。その他には「歌う姿勢」と「腹筋の使い方」ぐらいであろうか。その上にたって、歌詞の内容をどう表現するかという要求がなされているように思う。

ところが、低学年はもちろん高学年になっても「息吸い」や「口の形」についての要求が絶えないということは、このことがとても大切であるということでもあるし、同時に、子どもにとっては大人が考える以上に抵抗のあることである、ということだとも思う。つまり、息を腹の底まで入れるというのはことばで言うのは簡単だけれど、からだはなかなか自分の思う通りに動いてはくれない。だから息を入れるということは大変難しく、小さい時からトレーニングしなければならない性質のものである。

さらに、目や口を大きく開けるということは心理的に何となく抵抗のあることで、特に高学年ともなれば恥ずかしさが先に立ってなかなか素直に開けられないものである。したがって、その抵抗と闘って自分で開ける気にならなければ口は開かないのだとすれば、抵抗の少ない低学年のうちから口を開けることを当たり前のこととしておかなければならない。

そのように考えると、低学年には「ゆっくりとした曲」が良いのだと思う。ゆっくりとした曲でたっぷりと息を吸い、一音一音ていねいに口を開けさせる。低学年の子どもは、しゃべり方もまだるっこいほどに、まだ口を十分に早く動かすことができないのだから、ゆっくりとした曲であれば、口を大きく「ていねい」に開けることができる。テンポの早い曲は口の形をごまかしてしまうと思うのだ。とは言えテンポの早い曲がすべて悪いというわけではない。ゆっくりとした曲で身につけたことが早い曲でも適応されなければならないのだから、リズムに乗った早い曲を歌わせることも必要である。が、基本はあくまでもゆっくりとした曲に置く方が適切である。

次に、子どもにとっては高い音を出すことも大変である。からだのつくりや、声の当て方とか響かせ方、息の使い方、頭頂筋の働かせ方など、高い音を出すためには子どもが身につけなければならない技術がある。だから、そういう技術を身につけるためには低学年のうちから「高い音程のある曲」でトレーニングする必要があるのではなかろうか。本当は低い音を出す方が難しいのだとも聞くから、低い音でのトレーニングもあるのだとは思うけれど、子どもが歌って「力を出した」と感じるのは、やはり高い音が出せた時ではないだろうか。それに、二年生の差し替えた歌と比較して見ても分かるように、「高い音程のある曲」を選ぶ方が、子どもの持つリズムを引き出しやすいように思う。

以上のように「ていねい」に歌う、「困難に立ち向かって歌う」、そういう姿勢が「強靭で、しっとりとした子ども」を育てるのだと私は考えている。

かつて大田小学校の公開研究会で歌われる曲について、ゆったりとして重い、同じ傾向の曲ばかりであると批判的に言う人があった。だが、たとえそうであったとしても、その頃は、この曲で「子どもを育てているのだ」という大田小学校の主張がはっきりとあったような気がする。流行に流されたり、周りの批判に迎合してうろうろするのではなくして、周りからどう言われようとも、自分たちはこう考えるのだという主張がはっきりとしていた。とは言え、当時の大田小学校の誰かが書いたり言ったりしたわけではないから、その主張は見える人には見え、見えない人には見えなかったのだとは思うが、それにしても、主張があったという意味においては極めて個性的であった。このように個性的であったが故に、あのように多くの人に影響を与えることができたのだと私は思っている。

もう一つ選曲の上で大切なのは「歌詞」である。子どもの心を育てる上で「人間としてのあり方」や「生き方」に迫る問いかけのできる歌詞であるかどうか、これは重要な要素であるように思う。

広いきれいな　学び舎に
自分で求め　考えて
心とからだ　みがくとき
個性の花が　咲きかおる
おお　創造の　大田小

例えばこの大田小の校歌は、とても良い校歌である。

「毎日『広いきれいな学び舎に』する努力をしていますか。きちんと整頓して学校を広く使い、ぞうきんでみがいてきれいな学校にするよう頑張っている人なら、もっと誇りを持った歌い方ができるはずです。」

「何を『求め』て歌っているのですか。算数の答えか。歌が上手になることか。それとも自分が人間として成長することですか。」

「口先で歌ったのでは『考え』たことにはなりません。『考える』ということは、心の中にため込んで、じっくりとあたためることです。ため込んで歌って下さい。」

「『心とからだ』を『みがいた』自分を『お父さんお母さん、さあ見て下さい』と胸を張って呼びかけていますか。自分の『誇り』を歌ってよ。」

「『個性』というのは、一人ひとりがみんな違うということです。一人ひとりの違った『花』を顔で表現してね。」

「『おお』の中には、それまでの歌詞の内容が全部詰まっています。その中で自分にとっていちばん大事なものを、それぞれの人がいっぱい詰め込んで歌って頂だい。」

校歌の歌詞を取り上げて、例えばこのように問いかけることで、子どもに歌い方を工夫させ、同時に、人間として何をすれば良いのかを教えることができる。だから、「子どもを育てる」という目的の場合には、この校歌のように、歌詞が生き方につながる要求ができるものかどうかを基準に選ぶと良いと思う。

もっとも、どんなに良い曲であっても、子どもに問いかけることばが見つからないということもある。そんな時こそ、お互いに心を開き、みんなの力を借りるべきである。そしてそれは、開かれた職員集団でなければできないことなのである。


（一九九五年十二月）

こういう風に書くことで、私は、普段は何気なく見過ごしてしまう日常のちょっとした営みの中に教育の本質が顔をのぞかせ、それが子どもを育てるものである、と考える教育に対する自分の考え方を先生方に伝えたいと思った。言い換えれば、いったん口にしたことにはこだわらなければならない、ということでもある。「主体的」とか「個性」などということばが飛び交っていながら、日常の具体的な事実を見ると、実際にはそのことばとは程遠いことが行われているということが教育の現場には多過ぎる。そういう私の危機感の現れが、こういう文章となるのだろうと自分では思う。

それに、このように書いておけば、いずれはこうした考え方の幾分かは根を下ろし、保護者に対して先生たちは自分のことばで教育を語ることができるようになるだろうという私の計算でもある。

私の話はよく「山内節」と言われ、妙に納得させられてしまうと言われることがある。それは、ことばが上滑りしないように、事実と結び付けて具体的に話すように心がけているからだと思う。今の保護者は、どんなに口当たりのいいことばを操っても、それでは決して納得してはくれない。自分のことばでしゃべっている教師と、どこかから借りてきた自分でも未消化のことばをしゃべっている教師との違いはすぐに見破られてしまう。だから、しつこいようでも「事実」にこだわる姿勢を養ってほしいと思うのである。

そう考えて書いた文章であるが、この文章も大田小学校の職員室では大変な不評で、ひんしゅくを買ってしまった。校長の権力で曲を差しかえさせたということの他に、ゆっくりとした曲を良いとすることが受け入れられなかった。

保護者宛に学校通信を書くよりも、職員を対象に私の気付きを書く方が子どもにとっては効果があると考えて書いてきたのだが、不評が続くと私のねがいが裏目に出る感じがして、一年目でやめてしまった。教材の見方などについても書いておけばと思うこともあったので、今になってみると、私にとっても、大田の先生にとっても、もったいないことをしてしまったと思う。

ところで津久志小学校でも私は次のような文章を書いている。これについて当時の津久志の先生に出会うと、

「今でも校長さんの書かれたものを時々引っ張り出しては読んでいます。何回も読んで、そう言えば忘れているわ、と反省しながら読むんですよ。」

と、こちらの方はよくそう言ってくれる。自分では同じようなことを同じような調子で書いているつもりでも、津久志で書いた文章と大田で書いた文章との間には、私の内面のと

ころで何か違いがあるのかもしれない。

津久志小学校の研修

自分でも予想しなかった事件が、この津久志小学校で起きた。

この一年を振り返ると、結局私にはそうとしか言いようがない。どう考えてみても、今年の津久志小学校の変貌は、やはり「事件」だったのだ。それほどこの一年間は、今までの私の常識では考えられないほどのスピードで、自分でも信じられない事実が次々と目の前に繰り広げられたのだ。

何のために何をするのか

私の脳裏には、今でも卒業式で式辞を読んだ時の、あの子どもたちの眼差しがよみがえってくる。

私の式辞は、その時々を誠実に生きることの大切さ、つまり、何事にも全力を出し切って取り組むようにと卒業生に呼びかけたものであったが、これを聞く子どもたちの反応がすごかった。特に在校生、とりわけ低学年の子どもたちは椅子から身を乗り出すようにして私を見つめ、時々うなずきながら聞いていた。そんな子どもの姿を目に入れながら式辞を読んだ私は、この子どもたちにはすごい集中力がついてきたんだ、と身内に震えるものを感じた。

私は、卒業式のこの姿に津久志小学校のすべてが象徴されているように思う。

中学校で私は、人間の生き方とか人間としての在り方などについて話をすることを「心を入れる」と言っていたが、このような抽象的な話になると、中学生でも常日頃から彼らの具体的な行動と結びつけて話をしておかなければ、なかなか聞いてもらえるようにはならないものである。だから、日頃から教師が「心を入れている」学級の子どもには、「今の自分は、この瞬間を誠実に生きていると自信を持って言えるだろうか。自分で自分が誉められるのか。」というような言い方をしても入るけれど、そうでない学級の子どもの心にはなかなか届かない。

「自分に対して恥ずかしくないのか。人はごまかせても、自分の心をごまかすことはできないよな。」と言ったとしても、きょとんとしているか、ざわざわとするかのどちらかで、少なくとも卒業式のあの子どもたちのような姿を見せることはない。

しかし、あの卒業式を見るかぎり、津久志小学校では低学年にもきちんと心が入っている。一つの学級だけではなくて、どの学級の子どもにも集中力がついている。ということは、どの先生もみんな事あるごとに「心を入れている」ということで、そういう意味では、学校という組織が組織として機能していたということだと私は思う。先生方みんなに「集中力があって、自分の意思で行動する子どもをつくるために学校はあるのだ」ということがはっきりしていて、そしてみんなで力を合わせて子どもを育ててきたから、あの卒業式が生まれたのだ。こういう子どもを育てるために私たちは研修をしてきたのである。そういう意味で、今年は何のために何をするのかということがみんなにはっきりと見えてきた年だった、と位置付けてよいのではないだろうか。

事実は動いている

昨年四月、作文教育について研究するということで出発していたことからすると、六月以降の研修は、計画性も何もない思いつきの研修だったように思われるかもしれない。特に赤穂小学校の公開研究会参加と二月の「校内研修を公開する会」についてはまったくの予定外で、先生方には大きな負担をかけてしまったと思っている。

研修に限らず、そもそも学校経営というのは、教育目標を具現化するために計画的・組織的に行わなければならないのはもちろんで、思いつきのようにくるくると変わるのが良くないというのは当然である。そのことは前提としてあるわけだけれど、その一方では、今年は年度当初には予定していなかったものが次々と入ってきたそのことの中に、私たちが今一度考えて見なければならない問題が何か含まれているように思う。

今年の研修のポイントは、大きく見れば赤穂小学校の公開研究会参加と「校内研修を公開する会」の二つに絞られると思う。

これについて、今私の心のうちを明かせば、二学期のあの時点で、もし赤穂小学校の公開研究会に参加しても先生方からそっぽを向かれたり、何の理解もされないと思えばあのようなことは持ち出さなかったはずである。運動会の取り組み、とりわけ跳び箱やマット運動の指導にあたってみんなが井口さんを利用する姿を見て、これなら学校づくりの布石として赤穂小学校に行けば「教育の本質」にかかわる何かを感じてもらえるはずだ、という確信のようなものを感じたから持ち出したわけで、もちろんその時点では「公開研究会」のようなものを考えていたわけではない。

そのうち、郡美展の絵、高場先生を迎えての田中さんの授業、校長会の学校訪問、算数部会の三年生の授業と進むにつれて、子どもが大変生き生きとしてきた。この子どもたちがさらに一段と高いところにはい上がるためにはどうするか。私とすれば、そう考えて生まれたのが「校内研修を公開する会」であった。

だから、私は、その時々の学校の現状とか目の前の子どもの現実を見る中で、今何が大切かを考え、その時点で最善と思うものを出したつもりである。幸いなことに、先生方がその要求に極めて柔軟に対処して下さった。「柔軟に」ということは、自分が納得するまで自分の意見を主張し、いったん納得すればその主張にこだわることなく本気で取り組んだということなのだが、そのおかげで、予想をはるかに越える短期間のうちに、自分でも信じられないような子どもの姿を目にすることができるようになったのである。もし、八人の仲間のうちの誰か一人でもかたくなに我を張ったり、自分に正直でなくて分かった振りをする人がいたら、津久志小学校にこんな「事件」は起こらなかったにちがいない。

教育には「絶対」と言える方法はあり得ないのだと思う。常に子どもの事実を自分の目で見、そして自分の頭で考えた方法を子どもにぶつけてみるしかないのだと思う。その結果、子どもが変わればその方法は良かったので、子どもが変わらなければ悪かったと考えるしかない。そうして少しずつ子どもを変える事実を積み重ねていった時、初めて自分でも予想しなかった事実が飛躍的なスピードで生まれてくるのだと思う。だから、子どもの事実は常に動いているわけで、その事実に柔軟に対応できる教師が力のある教師だと考えなければならないのだ。井口さんの合唱の指揮には、子どもを見る目の確かさと子どもの事実にとっさに対応できる柔軟さとがあるから子どもがあのように動くので、その「柔軟さ」は教育のあらゆる場面で必要とされる「原則」なのだと私は考えている。

このように、この一年を「柔軟さ」という目で見れば、それぞれの目にいろいろな場面が具体的に見えてくるのではないか。卒業式の歌にしても、子どものあれほどの力を私たちは信じていただろうか。事実は動いているのである。その事実に対応できる柔軟さを本当に自分のものとしたいものである。

教育における「形」

京都の大徳寺に、一休禅師が住んでいたと伝わる真珠庵という坊がある。一般の拝観をしていないその禅寺は、一粒の砂に至るまで寸分の狂いもなく計算して配置された美しさで、七、

五、三の石組みなど「美の形」の極致と言ってもよい。学生時代に初めて訪れた時、私はその石組みの前で動けなくなったことがあり、今でもその時の興奮がよみがえってくる。また、お花やお茶の世界にしても、その美しさは、美を追究した究極が「形」として定着したものであると私は理解している。

そのようなことから考えると、教育の世界でも美を追究した結果が「形」になるということはあり得ることで、そういう意味では私は「形」を否定するものではない。いや、教育の世界では、むしろ「形」となるまで美しさを追究しなければならないものだと考えている。卒業式を例にとると、その年の教育の結晶として子どものいのちの美しさを引き出す卒業式を追究し、そしてそれにふさわしい、学校独自の「形」を創造しなければならないのだと思っている。ところが、何が美しくて何が美しくないのかという問題は極めて感覚的なものであるから、私たちはあらかじめ芸術的な感覚を磨いて、本当に美しいものを見る「目」を養っておかなければならず、まして「形」を創造するとなると、それは大変に苦しい営みである。

一方、一般の社会とは直接の利害関係のあまりない学校では、社会の常識とはかけ離れた常識が形式的な「形」として残っているところがある。例えば、坊主頭を強制する中学校の校則などはその最たるもので、小学校においても、授業の初めの「これから国語のお勉強を始めます。（はい。）今日の課題は〇〇です。（はい。）」という儀式などもそのうちの一つである。このように美しさとは無縁のものを、意味もなくただ形式的に行っていることが、学校の中には他にもたくさんあるような気がする。

形式的なものというのは、それに頼れば何も考えなくて済むから、子どもにとっても教師にとっても、とても楽なのだと思う。だから、ついうっかりすると、すぐに学校の中に形式的なものがはびこってしまうのだと思う。

例えば、朝会で並ぶこと一つをとっても、「気をつけ。前にならえ。指先まで伸ばして下さい。礼。」と、子どもが号令をかけるのが当たり前になっていると、子どもはただ号令に従っていれば頭を働かせる必要もなく、自分で何の判断もしなくて済むわけだから、子どもにとってはとても楽である。教師にとっても、子どもを見て自分の判断で並ぶことのできない子どもの心や頭の中を読み取る必要もないし、どういうことばをかければ良いのかを考えることもいらないから、これも楽である。だから、形式的なものというのは、子どもの頭を悪くするし、子どもを、主体性のない、感性の鈍い子どもにしてしまう。それに、何よりも努力をしない子どもや教師を作ってしまうのが問題である。

今年の研修は、国語や理科などの教え方とか合唱の作り方などの教育技術を取り入れることではなく、どの場面で、子どもの何を育てることができるのか、ということにこだわってきた。だから、取り立てて研修日が研修というのではなく、日常の教育活動そのものが研修の場であった。朝会で並ばせること、歩かせることで子どもを鍛える。教師の側にそういう目的意識があった場合には、当然形式的なものに目を向けなければならない。すなわち、私たちの研修は、私たちの営みの中に形式的なものが入り込んではいないかどうかの洗い直しの作業であったと言えるわけである。

このように、子どものいのちの美しさを引き出す「形」と、子どもをだめにしてしまう形式的なものとを並べてみると、今年の卒業式で何をねらっていたのかが分かって頂けると思う。これから津久志小学校の目指す方向として、より格調の高いものに立ち向かうことで、子どもの力を引き出したいと願うのである。

そういう創造的な仕事ができるためには、まず何よりも私たちの精神を肥やさなくてはならない。年度末の打ち上げでウインズコートホテルに行き、フランス料理のフルコースを味わうのもこれまた研修の一つである。

私たちの研修とは、このような日常が研修そのものである。

（一九九三年度「紀要」より）

この文章は、津久志小学校での最初の年の「紀要」に載せたものである。紀要というのは年度末に研修のまとめとして作られるもので、町内の各学校はもとより、教育事務所とか教育委員会、それに教育委員などに配られるものである。

だから、学校の職員以外の目にも触れるわけだが、私はいつも自分の学校の先生に向けて書いてきた。

私が津久志小学校に来たこの年は、年度当初にはなかったことが次々と入り、先生方にはとても忙しい思いをさせてしまった。しかし、学校は予想もしなかったほどの大変革をした年でもあり、それにはどんな意味があるのかを整理しておく必要があると思って書いたものである。

私たちの研修は、あくまでも「子どもを育てる」ために行うものである。その目的を明確にすると同時に、子どもがどういう姿を見せれば「子どもが育った」と言えるのか、それをお互いに具体的なイメージとして持っておかなければ、時として方向を見失うことにもなりかねない。私の中では「何のために何をするのか」というのはその方向づけの意味を持っている。

また、年度当初に計画されたことが途中で変わったり、余分なものが入ってくるということについては、一般的には余り良い傾向ではない。だが、子どもの事実が変わればそれに対応できる「柔軟性」を持ち合わせていなければならないということも、教育の場においては、これまた事実である。津久志では、一年間、ことある度にこのことを巡って議論をしてきたと言っても良い。「事実は動いている」という文は、その問題に対する私なりの整理のつもりで書いたものである。

さらに、目に見えて子どもが育ったと言っても、学校の中には「あれっ」と思うような形式的なことがまだまだたくさん目についた。これは、津久志の問題だけではない。日本の学校全体について、授業規律の問題と合わせて、じっくりと考えてみなければならない問題だと私は考えている。今の学校は、規律を保つために形にはめ、子どもの主体性を損なうということがあまりに多過ぎるような気がしている。これは、実は学校だけの問題ではなく、子どもが赤ん坊の時からどのような人間に育てるのかという問題を含んだ、言うなれば日本の文化にかかわる問題だと私は思っている。そういう私の中の問題意識と、次の年の課題の提示が「教育における『形』」という文章である。

ところで、それまでの「紀要」は、研修主任の手で、その年度の研修計画や、研究授業の指導案などを寄せ集めて作られたものである。だから、津久志小学校に赴任して来た時、前の年の紀要をもらっても私は全く読む気にはなれず、ぱらぱらとめくっただけであった。

そういうことがあったものだから、同じまとめるのなら読んで面白いものをと思って私はこの文章を書き、職員にもみんなそれぞれ自分の言葉で文章を書いてもらった。

だいたいにおいて学校の先生の書く文章というのは、固く形式的で、自分の顔つきのはっきりしない文章が多い。学級通信などで、教師自身の個性が強く出た文章というのは、とかく親からの抗議を受けるということが多く、だから、当たり障りのない、無難な内容になるのかもしれない。

しかし私は、教師は自分の言葉で話せることが大切なように、文章でも、自分の目で捕らえたことを自分の言葉で書く、顔つきのはっきりとした文章が書けるようにならなければならないのだと思っている。どこかでそのための訓練をする必要があるように思う。そう考えてみんなに書いてもらったこの紀要は、たいへん面白いとなかなか好評であった。


その翌年の紀要には、次のようなことを書いている。

「子どもが育つ」ということ

宮坂先生に指導して頂いた時のこと、宮本さんの指揮で六年生が「一つのこと」の合唱をしていた。その歌声はとても重い感じで、私には音程もやや下がり気味のように聞こえた。

その合唱の手入れを、宮坂先生の指示によって井口先生がすることになった。井口先生は、教室の後ろに張ってある西岡先生に指導してもらった時の墨絵を指して、

「私は後ろの絵が本当に好きなんよ。みんなが、自分の感じていることを何とか表現しようと思って、一所懸命工夫し、必死に描いているところがすごいと思うんよ。あの絵を描いた時のような気持ちになって歌うてみて。」

と語りかけた。私は、歌に入れる内容を子どもたち自身にまかせたな、と思いながらそのことばを聞いていた。

そして、「いーまー」という出だしの声を聞いたとたん、背筋がぞくぞくっとして、鳥肌が立ってきた。子どもたちの目の深さとともに、それまでとはまったく違う澄みきった声になったのである。しかし、それでも満足しなかった井口先生は、「い」の声の出し方と声の集め方について注文をつけるのであった。

これを受けた宮本さんは、

「もう一回、あの絵を描いた時のような気持ちになって歌うてみてくれる?」

と言って、子どもたちの前に立った。しかし、子どもたちの声は、前のあの重い声と変わりはなかった。オルガンの前に座っていた田丸さんが、思わず「ワァー」と声を上げたほどである。何秒か前に出た声が、前に立つ指揮者によってこうも変わる、それが事実なのである。

そこで井口先生は再び子どもの前に立った。今度の指揮は、最初とはまったく違っていた。リズムを取り、からだのつくり方と声の出し方を教え、歌の内容を語って聞かせた。今度のは音楽的な指導だと私は思った。歌が進むにつれて、私の目頭に熱いものが浮かんでくる。子どもたちの表情は和らぎ、からだの線に無理がないというのが私の目にもはっきりと分かった。

三たび宮本さんの登場。

「僕にも協力してえや。」

その場の空気は和らいだが、子どもたちのからだは責任感でかたくなっていた。

　私は、この一こまからも、「津久志の子どもは育った」とつくづく思う。わずか九人の合唱であっても、指揮の仕方次第では人間の魂を揺さぶるだけの力をすでに蓄えている。いや、そのことよりもむしろ、教師の指導にきちんと反応できることの方がすごいのだ。宮本さんは、実際には質的な違いがあるのかもしれないが、たぶん井口先生と同じことをねがっていたはずだし、同じことばを使って指導している。にもかかわらず子どもたちは動かなかった。私の目には、宮本さんと井口先生の指揮の何がどう違うのか、はっきりとは分からない。だが、子どもたちは、二人がそれぞれに身体全体から発する何かを、きちんと「違い」として読み取り、見事に歌い分けている。彼らはそのことを意識してやっているわけではないが、良い指導には良い指導のように、まずい指導にはそれなりに、とにかく指導に対応した歌い方をしているのだ。

　子どもたちがこのような感覚的な鋭さを持ち合わせ、さらに、その感覚的にとらえたものをそのまま身体で表現できるということは、それは「子どもが育っている」証拠である。子どもが育てられていなければ、どんなに素晴らしい指導に出会っても、子どもは動かないものである。事実として、宮本さんは井口先生ほどには指揮で子どもを動かすことはできなかった。しかし、井口先生の指揮に反応できる子どもを育てたのは宮本さんである。

　私たちの考える教育というのは、優れた「歌い手」を作るのが目的ではない。あえてことばで言えば、「清潔で、しなやかな子ども」を育てるのが目的である。

ところが、「清潔」とか「しなやか」ということばは、極めて抽象的で感覚的なことばである。こういうことばを使ったからといって、子どもが清潔でしなやかに育つわけではない。私たちの心の中に、常に、どういう子どもを育てようとしているのかという「ねがい」を持ち続け、そこから目をそらさないことで子どもを育てることが可能になるのだと思う。そしてさらに、実践する中で子どもの姿に打たれて、「こういう『清潔』な姿を私たちは求めていたんだ」とか、「ああ、この姿を『しなやか』と言うんだ」というような分かり方をした時、その時初めて、「清潔」とか「しなやか」ということばが「具体的に分かった」と言えるのだと思う。職場というのは、そういう感覚的な分かり方を共有することでやっと成り立つのだと、私は考えている。

宮本さんに限らず、私たちは井口先生ほどの理論や技術を持ち合わせていない。しかし、私たちは多少なりとも「子どもを育てる」という「ねがい」を持ち続け、子どもを見ることで、私たちが子どもに何を求めていたのかを共通のものにすることができたから、今の子どもが育っているのだと思う。

○

ところで、あれほど子どもの歌が違ったものになるというのは、井口先生と宮本さんの指揮のどこに違いがあるのだろうかと、今も私の頭の中でくるくる回っている。が、どうやら「子どもに寄り添う」ということにおいて差があったのではないかという気がする。井口先生は「あの絵を描いた時のような気持ちになって歌うてみて」と注文をつけただけで、歌の中に入れる内容については何も具体的な指示はしなかった。歌い方は子どもに任せている。そこで子どもが歌い出すと、子どもの声を聞いて「自分の考えている声が出せた?」とか、「それなら、身体をこういうふうに開いてみんさい」というように、そのときの子どもの声を出発点として、具体的にどうすれば良いかを指示している。だから、教える内容は最初からあるのではなくて、子どもを見ることで、子どもの中から出てくるように思える。

それに比べて宮本さんには、こういう歌い方をさせたいとか、こういう声を出させたいというものが最初から用意されており、その自分のイメージに子どもを合わせようとしていたのではないかという気がする。それが当たっているかどうかは宮本さんに聞いてみなければ分からないことだが、そう考えることで、子どもの前に立ったとき私たちはどうでなければならないか、「教師」としての方向が決まってくるのだと思う。

今回、宮本さんが、指揮によって子どもの歌がまったく違ったものになるという事実を突きつけられたように、私たちは、自分の力のなさを思い知らされる場面に常に出くわしている。

私たちの何よりの財産は、このように「へそを出して学べる」というところにある。技術というのはその中で身につくものであって、技術を求める研修を積み重ねたところで、それが本当に身についたものになるとは思えない。

要するに、子どもを育てるということを考えた場合、「技術」の問題をどう考えるかということが言いたいわけである。「技術」を持たなければ子どもの力を引き出すことはできないのは確かであるが、「技術」があるからと言って必ずしも子どもが育つとは限らない。「技術」を持たなくても子どもを育てることはできる。

○

最近、私は五・六年生が描いたポプラの絵が気になって仕方がない。西岡先生の指導を受けている時から「すごいなあ」と思ってはいたが、日がたつにつれて、あの絵が目の前にちらついて離れないのだ。私があの絵に打たれるのは何か。

一つは、あの絵を描く時、子どもたちの心をとらえていたものは「いのち」であったということだろうと思う。

西岡先生は、絵を描かせる前に、木を押し、木の根っこをほじくり、耳をあてて木の音を聞き、幹のコブコブに触って、木のいのちの素晴らしさと自然の不思議さについて熱っぽく語られた。その結果、そのポプラの木の「いのち」を、子どもたちは自分の目で発見しようと努力し、自分だけにしか描けない、世界でたった一本の線で、心のうちを表現しようと工夫していた。そこに描かれているのは、それぞれの子どもの自分の世界である。子どものいのちの息づかいそのものである。技術的には未熟であったとしても、その絵で何を訴えたいのかということにおいて、すでに芸術という「非日常の世界」に入っていたように私には思える。

私たちの日常の世界と、科学や芸術の世界との間には厚い壁があり、普通、私たちの生活は、芸術とか科学の世界とは無縁のところで営まれている。つまり、私のような普通の人間は、科学の本を読んでも、絵を見ても、音楽を聴いても、感動することはまれである。それほどに科学や芸術の世界は理解しにくいものである。その理解しにくい科学や芸術の世界がなくても日常の生活を送ることができるのが、普通の人間である。だから、優れた芸術家とか学者というのは、やはり特別な能力を持った人間に違いない。

一方、教育という仕事は、教材を追究することで、日常の世界と、科学や芸術の非日常の世界との間にある壁に小さな穴を開け、学問とか芸術、あるいはスポーツという科学の世界の奥深さにふれさせることである。そうして、日常の世界と、非日常の世界との間を行ったり来たりするわけだが、その経験を数多く積み重ねることで、子どもたちは自由にその壁を行き来することができるようになる。教育とはそういうものである。だから、ポプラの絵を見て、津久志の子どもたちが、芸術という世界との間にある壁に、今小さな穴を開けたように、私には思えるのだ。

もう一つは、集中力ということ。

今でも体育館で子どもたちの描く場面がこの目に焼きついているが、あの子どもたちの姿を見ていて、涙がにじんできて仕方がなかった。それほどにすごい集中力であった。

考えてみると、あの集中力というのは、子どもたちが先生を信じ切っているから生まれてくるのだと思う。すなわち、毎日の教室での営みの積み重ねの中で、「先生の言う通りにして頑張っておれば、自分に確実に力がつき、今まで自分でも知らなかった『自分』と出会うことができる」ということを、子どもたちは経験として知っているのだと思う。だから、西岡先生のことばをつゆほどにも疑わず、ただひたすらに筆を走らせていたのだ。目の前にあるのは、ただ自分の世界だけ。余分なものを一切はぎ取った、純粋な人間があの絵の中にはいる。

子どもの心の中をそのように考えてみると、津久志の子どもたちはとても清潔である。いじらしいほどに純粋である。親とともに、私たちがこういう子どもを育ててきたから、西岡陽子というたぐいまれな「教師」に出会った時、力を発揮することができるのだ。私の頭の中であの絵の占める位置がだんだん大きくなってくるのは、あの絵を通じて次第に子どもたちの「清潔さ」が見えてきたということだろうと思う。

○

今年は誰もがびっくりするぐらい賞状が届いた。それが子どもの励みになっていたとすれば、とても良いことである。また、何もしないで賞状をもらえるわけがないのだから、「賞状」は少なくとも何かをした結果であり、素晴らしいことである。

その反面、人間には弱さがつきまとう。とかくすると「賞状」という結果でものを見てしまい、賞状をもらえない子どもは「能力のない子ども」と固定的にとらえたり、賞状を取らせない教師は力のない教師であると考えたりすることにもつながりかねない。

賞状だけに限らない。私たちは、結果でものを見るのではなくして、子どもの心の状態はどうか、頭は働いているか、あるいは、前より進歩しているかどうか、人と違った考えを出したり、人と違ったことをしているかなど、いろいろな尺度で子どもを見ることで子どもを育てようとしてきた。だから、良い絵を求めるのではない。素晴らしい合唱を求めるのでもない。結果はどうあろうとも、子どもが育っているかどうかが問題なのである。子どもが育てば、結果は自然とついてくるものである。

そこのところをじっくりと見つめておかなければ、つい結果に目が行ってしまう。私たちは、そんな弱い教師の集まりであるということを常に心しておくべきである。

（一九九四年度「紀要」より）

私が津久志小学校にいたのはわずか一年と十ケ月だけであり、紀要のためのこの文章を書く時には、すでに大田小学校への配置替えが決まっていた。だから改めて、どういう子どもを育てようとするのかという津久志の精神を書き残しておこうと思って書いたものである。したがって、これは津久志の先生方に対する私の「ねがい」である。

それにもう一つ。二年目のこの年には、子どもに力がついてきたせいか、次から次へとたくさんの賞状が届いた。私がいる間はそれに惑わされることなく本質的な仕事に目を向ることはできるけれど、私がいなくなると、賞状のような目に見えるものに心を奪われて、本質的な仕事から脇道にそれるのではないかという危惧を抱いた。私の杞憂である。その心配にくぎを刺すつもりが最後の段落である。

そういう意味で書いたこの文章を、大田小学校に移ってから、時たま引っ張り出しては読んでいた。この文章の中には、忘れてしまってはいけない大切なものがあるような気がしたからである。何か、こういう世界から遠ざかると自分の子どもを見る感覚が鈍るような気がして、自分自身が不安だったのかもしれない。だから、津久志の先生のために書いたものが、結果的には自分のために書き残したようなものであった。

つくしのもり

校長という仕事は、責任だけは重いが人事権も予算権も何もないので大事なことはみな人に頼らなければならず、浮き草稼業のようなところがあるが、やりようによっては大きな夢を描ける魅力的な仕事でもある。

私は、校長として自分のできる仕事は「教師」を育てることであると単純に決めていたので、研修を中心に学校を経営してきた。だから予算要求では、必然的に講師の先生を迎える「報奨費」が大幅にアップした。当然、前年度に比較して予算の伸びが大き過ぎるとクレームが付く。

「施設や設備が子どもを教育するわけではありません。だから、子どもの生命にかかわることを除いては、施設や設備にかけるお金をいくら削られても文句は言いません。でも、学校は人間が財産です。人間を育てるお金をけちったのでは、良い教育はできません。良い教師が育てば、たとえ青空教室であっても良い教育はできるんです。」

校長になりたての津久志小学校の時には、そう言って報奨費を大幅に増やして要求した代わりに、施設・設備に関する費目をうんと削って出したことがある。その時は予算の仕組みもよく分からないまま、毎年要求をしているのに今年もどうせ通らないだろうと勝手に決めてしまったわけだけれど、事務の有田さんは「本当にこれで良いんですか」と心配していた。案の定、学校教育課の広山一子さんが跳んで学校にやって来て、

「校長さんの思いは良く分かるが、予算要求というものはこういうものではありません。要求がいったんとぎれると、もう必要ではなくなったと思われて予算はつきませんよ。」

と言って、有田さんと相談しながら組み替えて下さった。

このように、私のやることには極端なところがあるのか、広山さんや金尾央公課長さんなど教育委員会の皆さんには、大変な迷惑をかけてしまったし、応援もしてもらった。そ

れに、ちょっとした用事でもすぐに教育委員会に出かけて行っては長時間話し込み、嬉しい話はもちろん、時には愚痴を聞いてもらって仕事の邪魔をした。そういう意味では、教育委員会の事務局の方たちとは馬が合ったというのだろうか。そのおかげで気持ちよく仕事をさせてもらえたと感謝している。

津久志に行くと、井口さんを筆頭に養護の小川さんなどが口を揃えて「津久志小学校が粗末にされている」とブツブツ言っていた。

「津久志には職員の更衣室もないんですよ。」

「灯油のドラムカンが校舎の外にむき出しのままで、火事になったら誰が責任をとるんですか。灯油庫も作ってくれんのじゃけ。」

「大田小学校にはシャワーがついているのに、津久志にはいくら要求してもつけてはくれん。子どもがしくじった時、どうせえ言うんね。」

「プールの水を池から引いているので、ちょっとでも油断するとすぐに藻がわくんよ。夜中にでも学校に来て、プールの守りをせんならん。井戸を掘ってもらえませんか。」

「直線コースで八十メートルも取れない運動場だから、町陸上記録会の練習にも事欠くありさまです。何とかならんもんかねえ。」

こんなブツブツを聞くと、すぐに自分で簡単な図面を書き、教育委員会に持って行く。

私は何かにつけて深く考え込む方だから、目の前のことは悩む前にできるだけ早く片付けてしまうに限る。速戦即決である。

こうすることで、数々の懸案はわずか二年の間にほとんど全部解決することができたのだが、特に、運動場の拡張は予算が大きすぎてそれほど期待もしていなかっただけに、金尾課長さんには足を向けて寝られない思いがした。これも「実際に教育効果を挙げていて、やる気の伝わってくる学校にいくらお金をつぎ込んでも惜しくはない」と言って応援して下さった教育委員会の皆さんのおかげである。

「松浦教育長から『教育委員会の事務局は、できるだけ学校に出向いて、現場を見て来い。机の上だけで良い仕事ができるかい。』といつも言われているから、当然のことですよ。」

と笑っておられたが、そういう教育委員会の姿勢がまた私のやる気を起こさせ、新たな仕事を持ち込むというそんな感じであった。

中でも忘れられないのは、「つくしのもり」という自然園を造ったことである。

津久志小学校では毎年「山百合訪問」をするが、年々自生している山百合の数が少なくなっていることについて、津久志小学校が取り尽くしてしまうから少なくなるのだという批判の声も出ていた。そんなことから、世羅高等学校のバイオ技術と提携して、山百合(正式には「ささゆり」と呼ぶらしい)の栽培を考えついた。その栽培地として、拡張した運動場の北側に「つくしのもり」という学校植物園を造る計画を立てた。

子どもたちの野外学習、雪の中での遊び、観桜会、地域の人たちの交流、植える草花や木の種類、そういう夢を語るのが私の役割なら、その夢を実現させるプロデューサーが金尾課長。保育所の保護者も一緒になって山の整備をしたりするうちに、地域の運動として盛り上がり、ついに過疎対策事業の一つに取り上げられて実現することができた。

私が津久志小学校を出た後も、保護者の手で東屋が建てられたし、牧場を経営する林さんは「みずばしょう」をあげようなどと言って下さっている。だから、本当の完成は何年か先のことになると思うけれど、そういう夢を追いかけることができるというのは、とても楽しいことである。

このように校長の仕事というのは多くの人に支えられて成り立っているが、事務職の人の支えほど大きいものはない。

大田小学校の秋保邦子さんは、てきぱきと仕事を片付け、事務能力抜群である。そのうえ、休みの日にはご主人を引っ張って来て、校舎内外を整備してもらうこともあった。それだけならまだしも、常に、担任の先生が子どもだけにかかわれるように心を砕いて仕事をしていることがすごかった。

例えば、どこの学校でもそうであろうが、教室や廊下のワックス掛けなどは先生の仕事としてみんなでやっている。もちろん大田もそうであるが、秋保さんは「先生らは、それでなくても教材研究などで忙しいのですから」と予算をやりくりしては可能な限りシルバーさんにお願いして、少しでも担任が教育内容に専任できるようにと工夫していた。学校の方向をそのような形で理解し、自分の仕事と結びつけて行えるということは、なかなかできないことである。

そんな彼女だから、子どものことについても本当によく見ている。教育内容に関係することについては絶対に口にしない人だけれど、雑談か何かの時にぽろっと口に出てくる言葉は核心を突いており、はっとさせられることが多かった。

校長というのは孤独だとよく言われるが、校長も人の子、何かの判断を要する時、時には誰かの言葉を頼りに決断することも必要である。また、自分の言っていることとかやっていることが、教育の本道からはずれてはいないかどうかを見る「外の目」を持つことも必要である。校長室にいると、教育の本道に基づいた耳に痛いことばというのは、なかなか聞こえてこないものである。私の場合は、秋保さんの何気ない反応が「外の目」であった。そういう意味では、私にとっては私の母親と同じような怖い存在であった。と言っても、これは私の勝手な思い込みで、本人にしてみると負担となり、迷惑なことかもしれない。

しかし考えてみると、このことは、もしかすると秋保さん個人の問題ということではないかもしれない。一般的に事務職の人というのは、学校の中ではいちばん真実が見えるところにいるのだし、欲がないだけに、純粋な形で教育の本質が見えるのかもしれない。それだけに、校長にとっては事務職の人の占める位置は大きい。

こうして多くの人に支えられて校長という仕事は成り立つわけだが、それは学校関係だけに限らない。

津久志の黒渕というところにある横断歩道が、下りのカーブに近く、通学する子どもたちにとっては危険だから、横断歩道を移動し、その横断歩道まで歩道を延長してほしいという要望が出されたことがある。

横断歩道は、わずか二十メートルかそこら移動して書き換えるだけだから簡単だと思っていたが、これがなかなかの難物であった。横断歩道と、延長する歩道とは県と町との管轄の違いもあったりして、それぞれに交渉や依頼をして回らなければならない。甲山警察署から、交通安全協会、町長、役場の総務課、建設課、地元選出の町議会議員、青少年育成委員など、時にはPTA会長の神田和政さんを伴って、いろいろと走り回った。そのおかげで、どこを押せば出てくるかということを知っていなければならないし、それをかぎ分ける嗅覚を持たなければならないということを知ることができた。

私には行政経験がないので、教育行政関係にはほとんど人脈を持たない。だから、情報も遅いし、押すところも知らない。教育内容だけでは校長は勤まらないと感じることがしばしばであった。校長という仕事は、人脈も実力のうちである。

校長会の研修

郡の小学校校長会が各学校を訪問して、お互いに研修を深めているということについては前に書いたとおりである。

「時さん、時さん。一緒についておいでえ。この絵を見て、どう思う?」

ある時、近くにいた時永益徳さんを誘って、教室に張ってある絵を見て回った。

「何を見れば良いん?」

一年生から順番に見て回ると、低学年の絵は高学年の絵に比べて貧弱で、明らかに見劣りがした。

「四年生と三年生との間で、かくんと差がついているのが分かる？」

「低学年の絵というものはこういうもんだと思って見ていたが、言われて見れば、まことそうよねえ。」

「これを見て悩むんよねえ。もし自分がここの学校の校長だったとしたら、この事実を、担任にどういう言い方で話をするか悩むんよ。それに、何を仕掛けるかについてもね。」

私は以前から、せっかくの学校訪問でありながら、校内の研究授業の時にするような授業批評は、各学校の校内研修に任せれば良いことだと考えていた。もっとも、せっかく授業をするのだから、授業をした先生に何か置き土産をしてほしいという訪問先の校長の要望もあるので、それはそれで意味もあることではあるが、授業をする担任の先生と同じ立場で授業を見ていたのでは、校長としての役割を果たすことはできないと思った。それに、教師の中には校長以上に授業を見る目を持った人もいるわけだから、同じ視点でものを言っていたのでは、むしろそういう力を持った教師のひんしゅくを買うだけである。とはいえ、お互いに授業を見る目を養うという意味がないわけではないが、それでは何か情けない気がする。

この日は、たまたま学校経営という立場から話のできる材料が見つかったので時永さんにぶつけてみたわけで、こうして時永さんに話すことで自分の考えをまとめていった。そうして、批評会で私の発見を話したわけだけれど、この時の反応を見るかぎり、みんなには私が感じたほどの悩みがあるとは思えなかった。

また、別のある学校の時、こんなこともあった。

その学校の授業を見て回ると、それほど活気があるとは思えなかったが、どの教室も落ち着いた授業をしていたので、みんなは次々と良いところを取り上げて批評した。

私はそれらの批評を黙って聞きながら、何かしっくりこなかった。一つひとつの授業についてはみんなの言うとおりで依存はないのだが、目を遠ざけてぼやーっと学校全体を眺めた時、大変大きな問題をはらんでいるように感じた。そこで私は、次のような話をした。

「どの教室の授業も、確かに落ち着いていて一件良さそうに見えるけれど、学校経営ということから見ると、実はそこにいちばん大きな落とし穴があるような気がしてならないんです。

教育目標には『子どもの個性を伸ばす』というようなことが書いてあるが、そのために学校全体として何をしているかと思って学校全体を眺めて見ても、私の目には何も見えないんです。それぞれの担任が、それぞれのやり方で自分の城を築いている。

例えば、二年生の教室の絵と一年生の教室の絵とを比べて見ると、その格差は歴然としていますよね。一年生のベテランの先生があれ程良い絵を描かせることができるのに、二年生の若い先生にそれが教えられていない。隣の教室だから、普通だったら『私はこうやって描かせたんよ。あんたもこうやって描かせてみたら。』と教えると思うけれど、どの絵を見ても、そういう形跡がまるで見受けられない。

私がもしここの学校の校長だったとしたら、『先生、先生。ちょっとこっちの教室を覗いてみんさい。素晴らしい絵を描かせとってよ。』と言って隣の教室に引っ張って行き、その絵のどういうところが良いか、一年生の先生の前で解説すると思うんです。そして、『どうやればこんな絵がかけるんか、あんた教えてあげてえ。』と言って仕掛ける。こんな形で誉められると、たとえベテランの先生であっても、気を良くして、一肌脱ごうかという気になるのではないでしょうか。

そうやって教師と教師とを結びつけて、全体の底上げを図ったり、一定の方向に持っていくのが校長の仕事です。そういう意味で言うと、ことばはきついけれど、校長としての仕事をしていないのではないか。

実は、年齢構成を見ると、二年生の担任の先生一人だけが二十代で、後はみんな四十歳以上ですよね。こんなにベテランが揃っていれば、校長は何もしなくても学校は落ち着くでしょう。むしろ、何もしないでベテランに乗っかっていれば大過なく過ごせるわけだから、校長としてはその方が楽かもしれない。しかし、それでは校長の仕事をしたことにはならない。

一方、ベテラン教師というのは、これまで自分の培ってきた方法なり教育観というものがあって、例えば校長が「個性を伸ばす」と言っても、自分なりの分かり方をして、なかなか動こうとはしないものです。わざわざ自分流のやり方を変えなくても、少なくとも自分の学級は上手くいくわけですから、軽く聞き流してしまう。今日の授業の中に、そういう硬直した姿が私には感じられるんです。

実は、ここの学校に見られるような実態は、これからの世羅郡の学校では、どこの学校にもやってくる深刻な事態だと思うんです。よその学校の出来事ではないのです。少子化の時代を迎えて、若い教師が入ってくる可能性は限りなくゼロに近いのですから、その深刻な事態に対処するためには、ベテラン教師の中から新たな力を引き出すことしか方法はないのではないか。

落ち着いているとは言いながら、それは教師の都合で見た価値観であって、子どもに、はちきれるような勢いが感じられない。いじめや不登校の問題など今日の教育問題を解決する上でも、ベテラン教師の活性化というのは欠かせない問題です。本人ですら気付かなかった力をどうやって引き出すのか。今のうちから、校長としてそういう問題意識を持って仕事をしなければならないと思うのです。」

自分では、話をするうちに、何となく腑に落ちなかったことの整理もつき、自分の問題として課題が見えてきた。

だが、この演説は、みんなにとってはかなりのインパクトがあったようである。翌朝、「自分が校長として何をしているのかと、自分の学校のことをあれこれと考えていると、ゆうべは寝られませんでした。」と言って電話をかけてくる校長さんもあった。「自分の学校だけは、と考えていたのではいけん。校長がみんなで力を合わせて頑張らんと、これからの世羅郡はどうにもならんよ。」と、将来を危惧して話す人もあった。

私が若い頃には、校長の出張のあまりにも多い出勤簿を見て、肝心の学校を留守にして校長会で何をしているのかと不信を抱いたことがある。今の若い人たちも、組合対策の校長会ぐらいにしか思っていないのではないだろうか。それだけに、一歩も二歩も先を読んだ真に中身のある校長研修にしていき、一人ひとりが本当の意味で権威のある校長にならないかぎり、校長を中心とした学校経営と言っても、それは絵に描いた餅になってしまうのではないだろうか。

奇跡の歩行

ある時、子どもと相談して「わかば学級」と名前を付けた障害児学級の担任の稲住多智さんが、町内出身の重度の障害を持った人の話を子どもに聞かせたいのだがどう思うか、と言って来た。その人の名前を仮に瑞恵さんとすると、瑞恵さんのお母さんは私もよく知っている人である。だから、私からもおねがいして、五・六年生に話をしてもらうことにした。

瑞恵さんの話は、自分の生い立ちや現在の生活について、自分の思いも含めての話であった。

生まれた時から手足が使えなくて寝たきりだったので、中学校までは家で生活をし、先生に家に来てもらって勉強した。しかし、自立をするために施設に入って訓練をし、今では、着替えやトイレは、口と足を使って自分ですることができるようになった。さらに、足でワープロを打ち、仕事にも就いている。それには人より一時間は早く起きて、身支度をしなければならない。音楽が趣味であるが、最近は車椅子に乗って一人で買い物にも出かけており、充実した毎日を明るく送っている。これも、母や、今は亡くなった父のおかげである。

このような内容の話を、ことばの出だしの呼吸を整えながら、車椅子の上からポツポツと語りかけられた。一時もじっとすることのできないあの六年生の男の子たちが、覗き込むようにして、まばたきもせずに聞き入っていた。つき添ってこられたお母さんは、多目的ホールの隅で、あふれ出る涙を、しきりにぬぐっておられた。

「障害も個性である」と言って自信にあふれた生き方をしている瑞恵さんに、子どもたちはいたく感動したらしく、みんなで車椅子を押して玄関まで見送った。そして、この日を境として、六年生の子どもたちは見違えるほど落ち着いてきて、勉強はもちろん掃除もするようになった。

この講演会の前には、子どもたちが、瑞恵さんの話し方や外見を見て、差別的なことばを吐くのではないかと心配したものである。だが、真剣に、ただひたすらに生きる一人の人間の真摯な姿が、子どもたちの心の中から醜い心を完全に吹き飛ばしてしまった。

「子どもが浄化されたね。」

その日の出来事を思い出すたびにハンカチを握り締め、目を真っ赤にする稲住さんと、しんみりと話し合ったものである。

私が「自立する」とはどういうことなのかを自覚して考え出したのは、この瑞恵さんの講演会からであった。

大田保育所に通っているかおりちゃんが、大田小学校への入学を希望しているという話が持ち上がった。とは言っても、かおりちゃんの家は西大田小学校の校区にあって上の子どもは西大田小学校に通っている。お母さんの仕事の関係で今は大田保育所に通っているわけだが、保育所で一緒に生活している友達と同じ学校に通いたいというのが大田小学校を希望する理由であった。が、どこに通うかというのはまだ流動的で、教育委員会の重森課長さんもいろいろと考えておられた。

そこで私は、かおりちゃんの自立を考えた時、かおりちゃんにとってどの学校がいちばん良いのかを検討してもらうために、養護学校も含めて各学校を見学してもらうようにと勧めた。その結果、大田小学校に通うことになった。

このかおりちゃんのことは就学指導委員会でも話し合われた。その席で私は、

「かおりちゃんの『子守り』は、したくありません。学校は教育をするところです。かおりちゃんのために何ができるのか全く分かりませんが、少なくとも自立することを目指して教育しなければならないことは確かです。今のところ何のノーハウも持ち合わせない

大田小学校で何ができるのか、そして、それのためにはどうすれば良いのか、先生方は勉強する必要があります。勉強に出ようと思えば、どうしても介助をする人が必要なのです。その人的な保証がなければ、ただ単に『子守り』に終わってしまうのです。大田小学校に入学するのならば、そのことだけは考慮して下さい。」と話した。大田小学校にはわかば学級に所属する子どもは他にもいるわけだし、障害の内容も違うので、かおりちゃんに介助員が付かなければ、わかば学級の運営ができない状況にあった。私は、本当は二学級編成が望ましいと考えていたのだが、それについては賛否両論があった。たとえ二学級編制にして定員が増えたとしても、やはり介助員を付けなければ教諭本来の仕事はできないと私は考えていた。

それに、広島県では介助員の予算的な裏付けがない。だから介助員を付けるとなると、町の持ち出しである。校舎内外のバリヤフリー。訓練機器の購入。二学級編成にした場合には教室の増設。予算はいくらあっても足りない状況での綱引きが、聞きようによっては差別的な『子守り』発言の背景であった。

それにしても、それまで私の中では、かおりちゃんの自立を手助けするために、大田小学校でできることは何かがまだつかめないでいた。

ところが、その席で、障害を持った子どもの保護者から、

「障害を持った子どもにとって自立というのは、自分の身の回りのことは自分でできるようになるということです。自分で服を脱いだり着たりできること。一人で排便ができること。食べ物を自分の手で自分の口に持っていくことができること。それが彼らにとっての自立なんです。そういう力を身につけるための訓練がどんなにつらかろうとも、本人のためにはどうしても身につけてやらなければならんことなんです。」

このことばを聞いて、何か目の前がぱっと開けたような気がした。よし、ことばが話せないということはもちろん、寝返りを打つことしかできないかおりちゃんを、何はともあれ、とにかくまず歩けるようにすることだと、その時そう思った。

大田小学校に入学するということがほぼ確実になった頃、曽根康宏さんが校長室にやって来た。

「校長さん、私をかおりちゃんの担任にして下さい。もし担任にしてもらえるのだったら転勤希望は出しませんが、担任にしてもらえないのでしたら、転勤希望を出します。」

日頃は飄々としている曽根さんのそのことばに、私は感動してしまった。

それまでにわかば学級の担任になった曽根さんとは何回か大田保育所に出向いて行って、かおりちゃんの生活ぶりを見てきた。その中で、曽根さんは曽根さんなりに自分のできることを見つけたようで、それに挑戦してみたいということだった。それに、保育所の子どもたちが、よだれが流れているかおりちゃんの頬に頬擦りして遊ぶ姿を、彼はいたく感動した様子で見ていたが、彼の鋭い感性が、そうした感動の味わえる教師生活を求めたのかもしれない。

そして、入学。曽根さんの挑戦が始まった。

私が尾道地区障害児教育研究協議会という会の会長をしている時、今はもうつぶれてしまったサイマル出版の『奇跡のラブちゃん』『親こそ最良の医師』という二冊の本を紹介してもらった。この本は、重度の障害を持った子どもでも、歩いたり話をしたりすることができるようになるという内容の実践報告である。この本の出版社を捜し当ててわざわざ東京まで買いに行ってもらったのだが、この本を知ったことで、私たちはかおりちゃんが歩くという可能性を信じることができた。

曽根さんは、かおりちゃんが毎月一回通っている三原福祉短期大学や西条のリハビリセンターと連携をとりながら、かおりちゃんの訓練をする。手作りですべり台を作ったり、天井からハンモックを吊り下げる工夫をしてみたり、教室を覗くたびに何かが変わっているという感じであった。そして、かおりちゃんが捕まり立ちをし始めたと言っては喜び、一歩足を踏み出したと言っては興奮するうちに、冬には遂に手をつないで廊下が歩けるようになっていた。

驚いたことに、捕まり立ちや伝い歩きをする時、かおりちゃんの交流学級である栗原実津子さんのクラスの子どもたちが、「頑張れ、頑張れ。」と甲高い声を上げて励ますと、実際に頑張って新記録を樹立した。

三月の授業参観では、栗原学級の子どもたちは保護者を前に発表会をし、それぞれが一年間頑張った成果をそれぞれのやり方で発表した。かおりちゃんの発表は「歩くこと」である。子どもたちの「頑張れ、頑張れ。」と言う声に励まされながら、一歩、また一歩と歩く様子に、保育所からのかおりちゃんの様子を知っている保護者は、みんな涙にくれた。

かおりちゃんのお母さんとは、校長室で何回かお話をしたことがある。いつも明るくて笑顔の絶えないお母さんである。

「お母さんは、いつも明るいですねえ。」

「明るくしていなければ、生きてはいけませんよ。いつもかおりのことが気にかかっていて、一時も心の休まることはないんです。時には自分を責めたりもしますしね。だから、わざとでも明るく振る舞っていなければ、自分を支えられんのです。」

そう言って笑う頬には、涙が光っていた。私には、何も言うことばがなかった。

こうした曽根さんを中心とした大田小学校の取り組みは、ある意味では一つの実験であったかもしれない。だが、かおりちゃんの可能性を信じて手探りで取り組んできたその営みは、教育という仕事を通じて自分の可能性を拓く自分のための営みであった。

かおりちゃんが入学した時の「歩く」という目標は、一応はクリヤーできた。私がもう少し一緒に仕事ができたならば、次は「話す」ということが目標だと思っていた。そんな目標だけを曽根さんに投げ出して、それに至る道筋を示すことなく終えたことが、私としては心残りでならない。

6　満月のもとで

苦しい日々

私が大田小学校に転勤して二年間というものは、先生方に「教育」が分かってほしいと願う私の構想通りには、なかなかことが運ばなかった。「これからの教育は単元学習のような教育でなければならず、宮坂先生を迎えての『斎藤教育』はもう古い」というのが私に対する反対の理由であったが、それは理屈の上だけに過ぎず、私には感情的なものとしか思えなかった。

そして、学校の中は一見まとまっているようでも、お互いに気を遣い合っているようなしんどさがあり、私を含めて二十人の職員のうち十一人から転勤希望が出るという状態であった。これについて松浦教育長は、

「大田は毎年こんなものよ。」

と、けろっとしておられたが、学校の中では、

「先生らは、今年は校長は宮坂先生を迎えるに違いないからと、絶望して転勤希望を出したのでしょう。」

と言う人もあったくらいで、私としては全く絶望的であった。私を取り巻く状況はそんな状態だったから松浦教育長に辞職願を持って行ったこともあるが、その時は辞職願の様式が違うから受け取れないと諌められた。

その苦しい間、私より一足早く退職した大原倶子さんだけには、

「校長さん、頑張って下さいよ。私には何もできませんが、校長さんに付いて行きますから。」

と終始支えてもらい、応援してもらった。「大原先生が、長い教員生活で初めて校長らしい校長に出会ったと言って喜んでおられましたよ。」と言ってくれる近所の人もいたりすると、また気を取り直したりするのであった。不思議なことに、私が落ち込んでいるとたいてい、

「私にはこれくらいのことしかできませんから。」

と言いながら、こっそりとお茶を入れて下さった。

その頃には、六回の公開以来続けてきた大田小学校の公開研究会を、とりあえず一年は止めようという議論もなされていた。そんな中で、ことばでしゃべれば、あげ足を取られ

たり誤解を招いたりするだけだったから、私の考えをきちんと書き、その文章をたたき台として議論しようと考えて、次の文章を職員会議に提出した。

校内研修についての私の思い

大田小学校にとって公開研究会とは

大田小学校の公開研究会は、当時群馬県の境小学校の校長であった斎藤喜博先生が指導に入られ、六回の全国公開をしたことに始まる。以来二十五年間、絶えることなく毎年公開研究会を行ってきた。

その当時、広島県はもちろん全国的に見ても、文部省指定校の公開研究発表会とか民間教育研究団体の研究会は行われていたが、学校が自主的に公開研究会を開催するという例は皆無に近い状況であった。そうした状況の中で、大田小学校はなぜ公開研究会をしなければならなかったのか。

それについて私は、大きく言えば、とにかく今何とかしなければ日本はだめになってしまうという、やむにやまれぬ思いがあったのだと考えている。

つまり、当時の教育界は、ほとんどの学校が次々と「校則」を制定して子どもを管理する方向に進み、さらには、進学率の上昇にともなってテスト主義教育が横行していた。その結果どうか。あの激しかった学園紛争が起こり、学校は混迷を極めていた。その学園紛争は、若者たちの置かれている絶望的な社会状況に対する若者たちの抵抗だったと私は思うが、その若者たちに対して、私たち教師の多くは文部省に対する政治的な闘争でしか応えることができなかった。

しかし、一方では今とは違って民間教育研究団体の活動が活発で、このような方法を採れば子どもはこのように変わりますよというように、「○○方式」と呼ばれる学者の説とか、「○○学習」と名付けられた「学習方法」を提唱する研究会やサークル活動が盛んに行われていた。そうした状況の中で、子どもの可能性を開くことでしか若者のねがいに応え、日本を救う道はないのだ、と「授業」に目を向け、教育のあるべき方向を示したのが、大田小学校である。

大田小学校の採った方法は、教育の仕方によっては子どもにはこんなに力を発揮する能力があるのですよ、と「子どもの可能性が開かれた事実」を公開研究会という方法で提示することであった。大田小学校では、提示した事実に対する論評も言い訳も一切しない。それが良いと思うか悪いと思うかは参加者次第で、とにかく目の前にある事実が全てであるという立場を貫いた。その事実を目にして目覚めた人が、全国各地の学校で、どんなにささやかなものでも良い、とにかく子どもを人間として見、人間として育てる営みを積み上げてほしいというねがいを託した。そうすることでしか日本の未来はないと考えたのである。

このように、今だからこそ「授業」に目を向けることが大切なのだとする大田小学校に対して、特に進歩的とか革新的とか言われる人たちからは、二十坪に閉じこもって何ができるかという立場での批判が浴びせかけられた。さらに、テスト主義教育によって点数を取らせる教師が良いのだとする価値観が蔓延する中で、歌や体育ばかりをやらせて学力が付いていないとか、校長の売名行為であるなどという保護者や教師仲間の誹謗や中傷も激しかった。そうした孤立とも言える状況の中で、大田小学校の先生方が自分を見失うことなく、地道に実践を続けるということはかなり難しいことだったろうと今にして思う。

そういうことから言えば初期の大田小学校の公開研究会は戦いの場そのものであった。だから大田小学校には、激しい闘いをくぐり抜けた者だけが持つ、あの楽天的とも思えるほどの底抜けの明るさと、実践に裏打ちされた自信とがあった。大田小学校に対する誇りがあった。私は、公開研究会の後での打ち上げで、先生方の真に解放された人間としての美しさに感動して、何度涙したことか。「教師」として生きることの素晴らしさをどれだけ羨ましく思ったことか。

が、いずれにしても、あの「時代」の中で、あれほど多くの研究者やジャーナリストが駆けつけて、大田小学校の持つ意味と、その果たす役割の大きさとについて説いてくれたことは確かである。そして、全国各地から、身銭を切って、時には千五百人もの人が集まったということは、先生方にはそれなりのプレッシャーがあったはずである。そのプレッシャーをはねのけることで大田小学校の先生方は成長したのだと私は思っている。

今でも「大田小学校が私の教師としての原点です」と言う人は全国に散らばっている。そういう人たちが確かな足取りで優れた実践を行っているという事実がある。時代は進んでも、そういうふうに求める人たちに応える必要性と、そのような人たちの目に堪えうる事実とが大田小学校にはあったから、二十五年もの間公開研究会を続けることができたのではないだろうか。

要するに、私たちが地道に実践を積み上げ、その成果を公開することで、ささやかではあっても教育の世界に影響を与えることができるとするならば、そこには私たちが教師として生きる意味がある。少なくとも大田小学校の先輩は、私たちにそういう気概を持って生き、気概を持って仕事をする素地を残してくれた。私たちが大きな気概を持って前向きに生きることは、同時に子どもの尊敬を集め、子どもを大きく育てることにつながるのだと思う。それが伝統の力というものである。

したがって、もし、今ここで私たちが公開研究会を放棄するならば、先輩の誇りとともに、私たちが気概を持って仕事をする道を自らの手で放棄することになるのだと私は考えている。

何のために研修をするのか

私には、三十年近くたった今頃になって、境小学校で見た子どもの姿とか大田小学校の授業とかが、今の子どもの姿と重なってよみがえってくる。あの時、とにかく感動して寸分漏らさず目に焼きつけようと必死で見たことが、その時には分からなかったのだが、今になって「ああ、あれが本当に『清潔な子ども』の姿なんだ」とか、「そうか、『強靭な子ども』というのは、ああいうのを言うのか」などと新たな意味を持って鮮明によみがえってくる。時には目の前に、あの時と同じ子どもの姿を目にして「あそこに行くまでに、こんなことをやっていたんだ」と自分の仕事の意味が見つかって嬉しくなることもある。それは、斎藤先生から良いものを自分の目に焼きつける訓練をするようにと教えられた結果ではあるが、ものを書いたり、何かを考えたりする時には、自分の目に焼きつけたことが、一つの、自分を測る尺度として自分の中に生きている。これが、もしあのときカメラのレンズを通して見ていたとしたら、今私の目によみがえってくることはないだろう。大田小学校の公開研究会では写真撮影や録音は許されていなかったけれど、それは斎藤先生の私たちに対する親切だったのだと本当にそう思っている。

また、授業を見る時もそうである。授業は常に変化するものだから、子どもの姿と教師の働きかけとを同時に目に焼きつけておいて、今度自分が仕事をするときに「あっ、この子らは、あの時の子どもと同じ表情をしている」と思えば、あの時の教師の働きかけを真似てみる。それが当たって成功した時初めて「分かった」と言えるのであって、自分独自の工夫は、それが出発点となって、そこから始まる。斎藤先生が大田小学校の指導に入っておられた頃、私は大田小学校の職員の一人という感じで校内研修にも自由に入れてもらっていたが、その中で私は、こうした学び方を教えてもらったような気がする。

また、授業というのは「子どもに寄り添って、子どもから出発すべきである」ということも教えてもらった。すなわち、子どもが分かっていれば分かっていることを教える必要もないわけだが、形式的で固い教師は、自分の立てた計画から抜け出すことができずに、分かりきったことをくどくどと教えるから子どもが集中力をなくし、子どもの頭を悪くするのである。要するに、子どもを見ていないのである。

が、実は大人でもそうだが、自分では「分かった」と思っていても、つじつまの合わないところは自分の都合のいいように考えて「分かった」つもりになったり、理解できないところは自分で勝手に省略して「分かった」つもりになることが多い。人間とはそういうものである。だから、子どもが「分かった」と思っていても本当には分かっていなかったのだと分からせることが授業である。そういうことから言えば、授業とは人間を知ることである。

授業をそういうものだと考えた時、「分かる」とは、すなわち自分を吟味することであるから、「分かった」と思っていることを、他人の力を借りてきめ細かく追究してみる必要がある。ここに一斉授業の必要性と追究の授業の必然性とがある。

それには、基本的には子どもが自分では解決できない問題を出し合ってそれを解決するという方法が取られるわけだが、そういう授業が成立するためには、「分からない」ということに価値を求める学級になっていなければならないし、他人の発言に対して反応できる子どもに育っていなければならない。そうした「授業への構え」をどうやって作るか、それも今の大田小学校の授業を見るかぎり研修の大きな課題である。さらに学習形態としては、「個人学習」や「グループ学習」をどう有機的に結び付けるかという問題もある。

また、「子どもに寄り添う」ということは「子どもを見る」ということでもある。できない子どもがいたら、どこにつまずいているかを見なければならない。やる気が有るか無いかという心の問題なのか、考えることが分からないのか、それともやる方法が分からないのか、それを見極めなければ子どもに寄り添った働きかけはできない。

大田小学校の校内研修で、斎藤先生と一緒に各学級の絵を見て回ったことがある。たしか低学年の学級だったと思うが、「牛」の絵が描いてあった。斎藤先生はどの絵が良いと思うかみんなの先生に聞かれ、その理由も尋ねられた。みんなは、形の整った、色合いのいい絵を良いとして、それぞれに選んだ。しかし、斎藤先生だけは違っていて、牛の顔から胴体が出、足が申し訳程度に付いているような絵を選ばれた。しかも手あかで汚れている。私にはなぜその絵が良いのか分からなかった。すると斎藤先生は、

「この子どもは、牛の鼻に感動したのですね。だから、鼻のここのところから描いているでしょう。ここの線なんか生き生きとして、こちらに迫ってきます。こういう線が良いのです。でも、ここまで描いたらくたびれちゃった。後は適当に描いています。

この子には『ここの鼻はすごいね。先生にだってこんなには描けないよ。だから、ここを描いたような調子で、もうちょっと頑張ってこの足の方も描いてごらん』とでも言ってやれば、もう少し集中力が続くでしょうね。」

とおっしゃった。この時、子どものたくさんの具体の中から本当に良いものを見つけ出して

誉める。その積み重ねで子どもを育てることができるのだということを教わった。

私の考える研修というのは、そうした子どもの見方を学ぶものであって、何かの方法とか方式を教えてもらって、それをマスターするという形の研修ではない。

教育というのは、こうすればこのようになるはずである、というような万能の方法がまずあるのではない。一般的には良くないと言われている方法であっても、子どもにとって良ければそれが最善の方法である。そして、優れた事実が生まれたら、その中には優れた事実が生まれる「原則」とか「法則」とかが含まれているはずだから、その事実の中から原則や法則を見つけ出してもらえばよい。研究者はそのために導入するのである。そうして原則や法則が明らかになれば、今度は意図的に優れた実践を生み出すことができるようになる。したがって私たち実践者は、まず優れた事実を生み出すことが先決である。大田小学校の研修とはそういう研修であった。

もちろん、どういうのを良いとするかということについては教育界にはさまざまな価値観があるから分かれるところではあるが、実はそれは教師の「ねがい」の質の問題だと私は思っている。

学校というのは、その質の高い「ねがい」が全教職員に共有された時、その学校独自の文化が生まれる。そして、どういうものを良いとするかということについて共通のものとなるには、やはり時間がかかるのだと思う。私の場合には、実際に事実を見て「ああ、これが良いのか」と思うことを重ねることでしか良いものを見分ける目は付かなかったような気がする。だから大田小学校の文化を創り出すには、良いものをたくさん見て、その上でお互いに良いものを見分ける目を養わなければならない。さらには、お互いが作り出す事実を厳しく吟味する営みを重ねなければならないし、それができる真に開かれた教師集団となっておかなければならない。その結果として、学校としての質の高い「ねがい」を持つことができるのである。研修はそのためにある。

また、個々の教師が学校としての「ねがい」を持つことに参画したならば、教育というのはこういうものです、だから学校ではこのようにしているのですよと、保護者にも自分の言葉で平易に語ることができる。教師が教師として育つということは、実践力を身につけると同時に、教育哲学を語れる教師になること、それが大げさなら、教育についてロマンを語ることのできる教師に育つことだと私は思っている。

ところで、研修の方向が方法や技術をマスターするという方向に向くことには、私は賛成できない。なぜならば、それでは学校が受け身の姿勢になってしまって、創造的な仕事をすることに向かわなくなるからである。

そして、研修の対象を、例えば国語だけに絞るというのは研究としてはあり得ることだけれど、しっかりとした教育観に裏打ちされた実践ができる教師になるためには、教育活動のあらゆる場面で、まず「教育」の何たるかを分かるための研修をすべきである。少なくとも今の大田小学校ではそうだと思っている。「子どもを大切にする」とか「子どもを育てる」ということばは私たちのよく使うことばだけれど、それはどういうことなのか本当には分かっていなかったのだと思い知ることでしか事実の前に謙虚になれないのではないか。

私たちの前には、まだまだ奥の深い、私たちの知らない世界がいっぱいある。これからまだまだ先の長い教師生活を送る先生方には、心を開いて謙虚に学ぶ教師になってほしいと切にねがっている。

それはさておき、かつての大田小学校では、歌や器械運動ばかりをやって他のことをしなかったという批判をよく聞く。もしそういうことがあったとすれば、それは間違いである。当時の山口博人校長は「授業が良くならなければ合唱は絶対に良くならない。やはり授業が中心である。」と口癖のように言っておられたのを見ても分かるとおり、私の目には歌や器械運動だけしかやらなかったとは見えなかった。全員のノートを各教室の床に並べて見て回ったあの研修があったから、あの合唱ができたのだと私は思っている。

音楽や体育が中心のように見えたのは、子どもたちを芸術や科学の世界に連れて行きたいという「ねがい」がその根底にあったのだと思うが、主要には、おそらく、音楽とか体育というのはできるかできないかがはっきりしているし、教師の働きかけの結果が目の前にすぐに出るので、教師が原理原則を知るということの大切さを勉強するには分かりやすいということで研修の対象にされたその結果であろうと思っている。そして、当時の大田小学校の先生の中には音楽の専門家が一人もいなかったということから、結果として指導に時間を要したということもあるかもしれない。

大田小学校の思想の根本は、一人の子どもも取り残さないということであった。跳び箱には跳び箱の原理があり、跳び箱の指導の原則があるはずである。跳び箱のできない子どもがあれば、そのできない子どもにこそ原理や原則を当てはめて丁寧に指導する必要がある。体育とはこのように科学である。合理的なものである。したがって「子どもを大切にする」とは、教師が跳び箱なら跳び箱の原理を理解し、指導の原則を身につけることなのである。時間をかければできるというものではない。

大田小学校の泳力は、この夏に見たかぎりにおいて、あの頃とは比較にならないくらいに落ちていると私は思っている。かつての大田小学校がたとえ器械運動に時間をかけていたとしても、少なくとも全員ができていたという事実があるかぎりにおいては、時間をかけたということにけちをつけるというあさましい教師になるよりも、あの踏切りができるということに目を向けて、時間をかけないで同じことができる指導力を身につけることに挑戦する教師になりたいものである。体育は科学の世界だから、それが可能である。

どんな指導者を求めるのか

ところで、校内研修というのは、その学校の構想に沿って指導してもらえる講師を選ぶべきである。見せるための公開研究会をするためならいざ知らず、名画の鑑賞の授業とか、暗記の授業とか、鉄棒の授業や行進に至るまで、日常的な教育活動の中で子どもを育てることを具体的に教えてもらえる講師を選ぶべきである。なぜならば、私たちが毎日普通にやっていることの積み重ねで子どもは育つのだから、普通にやることを充実させるべきだと思うからである。そしてその講師のブレーンに位置する実践家を導入し、優れた実践に触れなければならない。世の中にはすごい人がいるのだということを知り、打ちのめされないかぎり、教師としての本当の成長はない。そういう指導者としては、私の知る範囲では宮坂義彦先生のほかには見当たらない。

（一九九六年二月）

この文章は、今自分で読み返して見ても、私の必死の思いが伝わってくる。書き方としては一般的なこととして書いてはいるが、私の頭の中では、一人ひとりの先生の顔を思い浮かべ、その先生の言ったことに対する私の反論である。

それにしても文章というものの持つ説得力には自分でも感心したくらいで、これを示して以来、公開研究会見送りの議論は全く影をひそめてしまった。しかし、それでもなお、宮坂先生に講師として来て頂くまでには、さらにもう一年を要するのであった。それも、本当に校長の言う通りに良い指導者であるのかどうかを見極めるために、一度来てもらってから決めようという首実検のようなことをしてまでも。その上、体育や表現はしないという条件も付いてである。

最後の公開研究会

宮坂先生を迎えるまでのいきさつはいろいろあったにしても、いったん迎えると、学校の中に火がつくのは早かった。

学年部会での教材研究は度々開かれていたし、教科書を持って来て校長室で粘る人も出てきた。研究授業をする前には、次々と予約にやってきて、順番待ちをすることもよくあった。だから、私も時には九時を過ぎて帰ることもあった。そういう忙しさは私にとっては喜びの一つで、疲れを感じても、それは心地よい疲れであった。

最初の頃は教科書を持って来てどのように考えたら良いのかと相談に来ることが多かったが、次第に具体的なものとなり、授業の中身についての報告や相談が多くなってきた。

「問題づくりをさせたら、いろんな問題が出てきたんですが、これをどうすればいいのか教えて下さい。」

そう言って教室に呼ばれ、問題の分類の仕方を話し合うこともあったし、

「問題づくりをさせたら子どもがすごく喜んで、国語が好きになってきたんですよ。」

「ことばを丁寧に読んでいると、算数の授業でも問題を見つけ出してくるようになってきて、算数の授業がおもしろくなってきました。おかげで算数の力がついてきたような気がします。」

「一年生の子どもでもすごいですね。こんな問題を見つけるんですよ。」

などと、次々と喜んで報告にやって来た。

宮坂先生を迎えることに同意してくれたその理由の中に、私が退職を間近に控えていたので花を持たせようという側面もあったとは思うけれども、それにしても最初からこのような火がついたのは、二年間の私の言ったりやったりしたことを見てきて、本当に納得していたからみんなこんなに夢中になって勉強するのだろうと思った。そういう意味ではあの二年間は無駄ではなかった。

こうして二年、私の教師生活にとっては最後の公開研究会を迎えた。今思えば、この公開研究会で大田小学校と出会い、そして教師生活の最後をこの大田小学校での公開研究会

で幕を閉じる。これほど幸せな教師生活はない。

実際に研究会の当日、授業での子どもの姿に感動した何人かの人にそう言ってもらったけれど、その時は目の前のことに一所懸命で、そういう実感はまるでなかった。

その最後の公開研究会について、私は次のように書いている。

公開研究会を終えて思うこと

今年で二十八回を数える大田小学校の公開研究会には、様々な人の様々な思いがある。

今年の公開研究会には、山口博人先生を初め、かつて斎藤喜博先生をお迎えして六回の公開研究会を開催した頃に活躍された先輩の方々に参加して頂いた。今はもう退職されているが、谷川容子さんは、その中の一人である。

実は、公開研究会の翌日、私は広島県教育会世羅支部という会の一日研修旅行に参加したのだが、そこで谷川容子さんとお話することができた。

「きのう、子どもが一所懸命に息を吸って『空』を歌い出すあの姿を見たら、斎藤先生を思い出して、ぽろぽろ泣いたんよ。

実は『空』という曲ができ上がっていちばん最初に歌った時の六年生の担任が私で、私の指揮と伴奏が合わなかったものだから、『いにしえの』の出だしの『い』がそろわなくて、公開研究会なのにやり直しをしたことがありましてね。歌を止めた時にはもうパニックで、頭の中は真っ白。でも、斎藤先生から『最初から歌えばいいよ』と声をかけて頂いたおかげで、すーっと落ち着いて指揮ができたんよ。それを思い出して、『空』の歌の間じゅう、涙、涙。たまらんかった。もう二十年以上も前のことなのに、自分が子どもの前に立って指揮をしているような気になって、体を震わせながら『空』を聞かせてもらったんよ。」

頬を伝う涙を指でぬぐいながら話されるその姿に、私は、心底「公開研究会をして良かった」と思うことができた。そして、谷川さんはこうも言って下さった。

「全体会が始まる前に、県外から来て下さった先生だと思うんだけど、私のすぐ後ろの席で、それぞれが感想を話し合っている女の先生のグループがありましてね。私は聞くともなしに聞いていたんだけど、『子どもも先生も、みんなきらきらと輝いて、生きているって感じよね。絵にしても何にしても、うちらの学校とは何もかも違うてる。学校というのはやはりこうでなくてはいけないよね。本当にうらやましいわ。』と、いろいろと具体的な例をあげながら話し合っているんですよ。興奮したような口ぶりでね。

山内さん、良かったじゃない。たとえ一人でもいい、研究会を開いて参加者にこういう影響を与えることができたということは、大成功よ。良かったねえ。」

こうした谷川さんの話に、真に厳しい仕事をくぐりぬけてきた人の優しさと暖かさとを感じた。心から応援して下さっているのだと思うと有り難かった。

私の周りには、この谷川さんのように「教育」の分かっている人がたくさんいる。子どもを見ぬく力を持ち、授業を見る目や歌を聞き分けることのできる耳を持った人に囲まれているということは、これが大田小学校の伝統の重さということなのであろうが、実のところ私にはとても大きなプレッシャーである。そういう人たちは直接には私に対して一言も言うわけではないけれど、私の心の中ではそういう人の声が聞こえてくる。

「子どもの何を育てようとしているん?」

「何がやりたいんかのう?」

「それをおまえは美しいと見るんか?」

「子どもをそんなふうに括ってみるのは、教師として不遜よ。」

「子どもに正面からぶつかっていないじゃんか。逃げとるよ。」

学校の中を歩いていて授業を見たりしても、合唱を聞いたりしても、その時々の事実に応じてそんな声が聞こえてくる。

実はその声は事実を見る私の価値観のようなものだとは思うが、私の中にそういう価値観が育ってきているとしたら、それは私が若い時から大田小学校と関わりを持ち、教師として恵まれた環境に育ってきたからだというべきであろう。

だが、その価値観のようなものを、校長として先生方に伝えることはなかなか難しい。

例えば、三年前、単元学習をやっていた頃、子どもたちは、取材をし、調べ、発表原稿を書くなど万全の準備をして研究会を迎える。そして、大勢の人の前で大きな声で発表をし、説明をする。一見、生き生きと、自信を持って、しかも、全員の子どもが活動しているように見えるが、私には、その子どもの姿が本当の子どもの姿とは見えなかった。何か背中に冷たいものを感じて見ていた。あまりにも子どもの力を低く見過ぎてはいないか。頭の中の原稿を読んですむ授業には、あがき苦しみながら全力を傾けて乗り越えなければならない壁が無い。このような未消化なことばで表面だけを安易に流れていく授業では、子どもを軽薄にし、生意気にするだけではないかと思って見ていた。

だからといって、せっかく先生方が一所懸命に取り組んできたものを否定的に言うことはできないし、さりとて私が見てきた授業を例にあげて私の思い描く子どもの姿を話したところで分かってもらえるものでもない。だから、どういう子どもの姿を良いと見るかということを分かってもらおうと思えば、時間はかかるけれど、先生方の実践の中から、私の思い描く子どもの姿に近いものや、それにつながる事実を見つけては感動し、時には先生方のやり方に注文をつけて、そこから生まれてきた事実について解説を加えるということを積み重ねることでしか、私の子どもの見方を感じ取ってもらうことはできなかったのである。

○

今年の公開研究会の授業では、子どもたちは難しい問題に悩み、苦しみ、そして、自分の感覚でとらえた自分のことばでその難問に立ち向かっていっていた。教師も子どもも、授業という真剣勝負の場で、自分の考えに疑いを持つことで新しい世界に出会う。そのために全身を使って考える。そのことが楽しくてたまらないというふうであった。私は、結果の見えないものに不安を持って立ち向かうその姿を、けなげで子どもらしいと感じた。少なくとも、大人のことばを子どもの口を借りて言わせられたような、こましゃくれた子どもの姿を目にすることはなかった。

こうした姿は、実は、先生方がつくり出したものである。意識してつくり出したかどうかは別にしても、宮坂義彦先生から学んだことを手がかりにして実践を積み重ねる中で、本当に子どもらしい姿を目にするようになった。そして、子どもの力を信じることができるようにもなり、子どもに感動することも多くなっていった。このように「手ごたえ」として感じるものがさらに自分自身を駆り立てて、子どもを育てる仕事に立ち向かわせたのだと思う。だから、今の子どもの姿は、先生たちの仕事の結果としてあるのだと私は思っている。そういう意味で私には、先生方と、同じ価値観で子どもを語り、教育を語ることのできる土俵ができたということを確認できた研究会であった。

実は、今年の公開研究会の国語の授業、とりわけ三時間目の共同研究授業について「あれは国語の授業ではないよ」と批判する人もいる。そういうことばが出るのは、子どもを見ずして「国語の授業」を見ているからだと私は思っているが、総合学習とか単元学習などということばがもてはやされる今の状況の中では、教師は、よほどしっかりとした自分なりの子どもの見方を持っていなければ、一見良さそうに見えるものに簡単に飛びついていってしまうということになりかねない。「子どものために」という口あたりの良い枕詞が付いているだけに、「これからの国語の授業はこうでなければならない」という「形」にごまかされてしまうのだ。そういう教師は、口では「子どものために」と言いながら、実際には子どもを見ずして流行を追っているのに過ぎないということが往々にしてある。

私は、国語の教え方にはいくらでも方法があるのだと思っている。どの方法が良いとか悪いとかは言えないのだと思う。目の前の子どもにとって良ければそれが最善である。だから、自分で、この子どもにはこの方法がいちばん良いのだ、と思い込んでいればそれで良いと思っている。ただし、自分の良いと信じる方法を吟味する目を持ち合わせていなければならない。そうでなければ単なる独善に陥ってしまう。

今のような混沌とした変革の時代には、授業で子どもに力が付いており、そして真に子どもが生きているかどうか、究極的には、人間観とも言える「子どもを見る目」を養うことが最も大切なことだと私は感じている。

〇

大田小学校では、昨年から「集中力があり、自ら学ぶ力を育てる授業の創造」という研究主題にして取り組んできた。私は、これを具体的なものとする方法として、

『集中力』とは「聞く」ことである。――

『自ら学ぶ』とは、子どもの「心」が学ぼうという気になっており、子どもが「頭」を働かせていることである。――

と単純化して、先生方に提示した。それは、かつて私自身が自分の勤める学校の教育目標や研究主題を覚えていたことはなかったから、大田の先生の頭にもたぶん入らないだろうという自分を尺度にした発想からであった。大変有り難いことに、これの有効性について宮坂先生が講演で分析し意味づけて下さった。

それはともかく、大田の先生たちが今いちばん手応えとして感じているのが、子どもの集中力であり、何事にも力を抜かない子どもの一所懸命さである。

昨年は「聞く」ということについて「教師の指示を一度で聴き取っているかどうか」というレベルで子どもを見ていたが、教師の指示を一度で聴き取って行動に移すのが当たり前になった今では、子どもにそういう要求をする姿を目にしなくなってきた。そればかりか、合唱のときなど「先生がどのように歌ってほしいと考えているのか、先生の指揮を見て歌ってみて」という言い方をしてもそれにきちんと応える子どもに、「子どもはすごいわ」と感動している先生の姿を見ることがしばしばである。だから今年の授業では、友達の意見を聞いたら、必ず自分の考えとは違うところを見つけて発表するか、少なくとも何らかの反応をする、という聞き方のレベルでの要求になっている。

また、「心」と「頭」の問題では、人間の生き方として、どんな場合にもとにかく一所懸命に全力を出し切るということを要求しているし、自分の頭で考え、自分で判断して行動するということについても要求をし続けている。そういう明確な要求があるから、先生は子どもを誉めることができるし、何よりも子どもたちは、自分の心に照らして自分で自分を誉めることができる。

大田小学校では、どの先生もこのような目で子どもを見、同じような要求をし続けている。それに、子どもに自分自身の心を見させる叱り方も心得ている。だからこそ子どもたちに今のような集中力と吸収力とが付き、ひたむきさも見られるようになってきたのだと思う。要するに、学校に方向性があり、組織として機能しているのだと思う。

子どもたちにこのような力が付いてくると、子どもができるかできないかということは教師の力量による、ということが先生たちの目にもはっきりと見えてくる。

不思議なもので、子どもというのは教師の要求の仕方に応じて力を出してきたり、そうでなかったりするものである。同じことをしているようでも、要求が具体的で内容があるときには力を発揮するが、そうでない時には全く違った姿を見せる。先生たちは、週に一回の全校合唱などで、指揮をする者によって全く違った歌になるということを目の当たりにすると、子どもができないことを子どものせいにはできなくなる。とても厳しい世界である。大田の先生たちは、学校の中にそういう事実がたくさんあるから、だんだんと謙虚にならざるをえなくなってくるのであろうと思う。

○

研究会の四日前にもこういうことがあった。

今年も研究会の直前に、予行を兼ねて、保護者と全校児童に合唱を聞いてもらう「児童発表会」を開いた。大田小では、音楽の専科がいないので、担任をすれば一曲は必ず指導して歌を作らなくてはならない。だから、その反省会では、感想的なものであってもかなり忌憚のない意見が出されるし、その歌を更に良くするためには残された期間でどう指導すれば良いかが話し合われる。

その反省会で先生たちの話を黙って聞いていると、どの学年の歌についても、一所懸命に良く歌っている、とお互いに誉め合っている。そして、もっと息吸いをさせたら良いとか、テンポがどうとか、音程がどうとか、とにかく技術的なことばかりが話されていた。それを聞いていて私の心の中に、一所懸命に歌えば「質」はどうでもよいのか、という思いが沸き上がってきた。そこで最後の締めとして概略次のような話をした。

「子どもに集中力と吸収力が付き、教師の要求にすぐに対応できる子どもが育っている。こういう子どもを育てたのはまさに先生方の力で、これは誇っていいことである。

だが、子どもがここまで育ってくると、教師の要求のレベルによって子どもにつける力の中身が違ってくる。今日の合唱で言えば、歌が上手いとは思うが、私の心に響くものが感じられない。

それは、私たちがこれまで『技術』的なことしか要求してこなかったということの現れではないだろうか。子どもは『何』を歌として表現すればいいのか、どういう思いを持って歌えばいいのか、ということが要求されていない。もし要求してきたとしても、理屈として教えられているに過ぎないと私には思えてならない。

『技術』を要求したのでは、子どもは、教師を越える子どもには育たない。教師として子どもに感動することもないのではないか。」

私のこの話は、先生方の心に衝撃として響いたようであった。楽譜を持って来て、どう歌わせたらいいのかと相談に来る人もあれば、練習を見に来てくれと呼びに来る学年もあった。そこで、私としては誰かに指導に来てもらったらと勧めてもみたのだが、先生方のプライドを損ねる言い方だったのか、それは全く相手にされなかった。

しかし、それからの練習は、すさまじかった。髪を振り乱し、目を吊り上げて子どもと格闘している、という表現をしても決して大げさではない。体育館に入って行くのが悪いような、そんなピリピリとした雰囲気が漂っていた。念ずれば通じるというのだろうか、担任の先生の必死の思いを真正面から子どもにぶっつけることで、練習での子どもの歌は全く違ったものになっていった。時々背中にぞくぞくっとくるものが感じられるようになった。

そういうことがあって研究会当日を迎えたわけだけれど、私はあの日の歌には満足している。と言っても、それは、歌に内容があったからというわけではない。たとえ指揮に問題があり、音程が揺れ、歌に内容がなかったとしても、私にとっては、そんなことは全く問題ではない。大田の先生が、逃げないで、真正面から子どもにぶつかり、下手は下手なりに子どもとともに何かを創ろうとした。その必死の思いを、指揮をする先生たちの背中に見ることができた。ここには教育がある。泥臭くて決してスマートではないが、その瞬間を誠実に生きる人間がある、と思った。私は、こうした教師としてのあり方、それを斎藤喜博先生から学んだつもりでいるし、そして、これが教育の原点だと思っている。

○

私は全体会の挨拶で、「この子どもたちに更に力を発揮させるために、大田の先生の前には、自分を否定しながら、どんなものからでも貪欲に学び、真に良いものに触れて、人間として自分を太らせなければならないという厳しい世界が待ち受けている。」と話したが、それは大田の先生方に対して言ったものである。なぜならば、授業にしても、合唱にしても、本当に内容が入るのはこれからで、これからが苦しいのだと思っているからである。だから、公開研究会の打ち上げの席でも、私は大田の職員に対して次のような話をした。

「星には、恒星と惑星との二種類があります。『恒星』というのは、太陽のように自分から光を放って輝く星であり、『惑星』というのは、太陽のような他の星の光を受けて輝く星です。

実は、学校の先生の中にも、自分から光を放って輝く『恒星』のような教師もいれば、権威を笠に着たり、何かの威光を借りなければ自分を主張することのできない『惑星』のような教師もいます。

今日の先生方は、一人ひとりがみんなきらきらと輝いていました。恒星のように、本当にきれいな光を放っていたと思います。しかし、それは、もしかすると『大田小学校』という太陽の光を浴びて輝いているのかもしれないのです。今は恒星のように輝いているが、それが『恒星』としての光であったのか『惑星』であったのか、それは皆さんが大田小学校を離れて別の学校に行ったときにはっきりとするでしょう。

いずれにしても、皆さんが『恒星』となるか『惑星』に終わるか、それは自分自身の責任です。願わくば、この大田小学校というたぐいまれな環境のもとで『恒星』として輝く教師に成長してほしいと私は願っています。」

これは、六回の公開研究会が終わった時に斎藤先生が当時の大田の先生たちに話されたことを思い出して言ったのだが、それは、先生たち一人ひとりのコメントを聞いていて、時代は超えても、教育に情熱を傾ける教師に相通じるものを感じたからである。

公開研究会が大田小学校にとってどんな意味を持つのか。それは、子どもたちの姿を通して、誰よりも先生たち一人ひとりの胸の中で確かめられているに違いない。

（『事実と創造』より）

この研究会には、私の新卒の時の教え子も何人か参加していた。その人たちの話によると、ぎこちない指揮をする先生を見て、合唱は音楽の専科か音楽の得意な人が指導してつくり、当日の指揮だけをしているものとばかり思っていたらしい。それぞれの担任が自分で選曲をし、自分で指導してつくったものだし、全校合唱のうちの一曲は、新採用の三井成宗さんが指導してつくったものだと説明しても、なかなか信じてもらえなかった。

実は、三井さんについてはこんな話がある。

この年には三井さんの他にも新採用で桶本直子さんがいたし、広山知佳子さんと大名克英さんの若い二人の先生にも臨採で来てもらっていた。そんなことから、保護者の間に不安があるということも充分に予想できたので、四月のＰＴＡ全体会の時の職員紹介で、私は、概略次のような紹介をした。

「技術はなくても人間としての力があれば立派に教育はできるものです。三井さんは若いけれど人間的にはとても魅力のある人だし、子どもたちにも好かれています。だから、三井先生のような若い先生は、教師として成長するまで黙って見守って頂きたい。大田小学校にいれば技術はすぐに身につくのですから、保護者も教師を育てる、そんな学校でありたいものです。」

その話の例として、次のような話を、多少受けねらいで、少し大げさに話した。

「教室を回っていると、三井さんは無謀にも三年生の子どもに「空」という難しい曲を歌わせていました。その時、案の定三井さんの指揮と子どもの歌とが合わなくて、途中で歌が止まってしまいました。ですから私が乗り出して指揮をしたのですが、その時三井さんは私の横で手を振っていました。ところが子どもたちは、技術を持った私の指揮を見てくれないで、技術はないが大好きな三井先生の手を見て歌い、先生を応援しているのです。これは私にとっては大変ショックな出来事でした。教育というのは、『技術』が子どもを育てるのではない、やはり『人間の力』が子どもを育てるのですね。」

それがあったものだから、三井さんは自分から「表現委員会」に所属し、全校合唱の指導を買って出た。聞けば、家に帰ると毎晩鏡に向かって指揮の練習をしたり、お姉さんを相手に手を振ったりと相当の努力をしたということである。もちろん全校児童の前で指導するたびに「校長先生、今日の指揮はどうだったですか。何か問題がありますか。」と聞きに来た。そんな時「三井さん、指揮が大分上手くなったなあ。」と言うと、「校長先生にあれだけ言われれば、意地でも頑張りますよ。」と笑っている。

努力をした三井さんも立派なら、そんな若い先生を育てた周りの先生も立派である。大田小学校という学校は、そういう学校である。

三井さんがそうであるように、大田の先生は、みんな血のにじむような努力をしている。

同じ給料でありながら、二倍も三倍も働いているという感じがする。にもかかわらず、四年後の今では転勤希望はわずか三人である。その三人も、誰が見てもやむを得ない事情の人である。苦しい思いをし、忙しい思いをしてもなおそこでの仕事を求めるというのは、自分が成長しているという喜びが、先生方の中にもあるからではないだろうか。そして、そういう職場だからこそ、お互いに尊敬し、お互いに磨き合える仲間がいる。そういう職場で教師生活の最後を過ごせるということは、やはり「幸せ」という月並みなことばでしか表現のしようがない。

仕事納め

普通だったら、公開研究会という大きな行事を終え、後は平穏無事に退職の日を指折り数えるというところかもしれない。だが、一九九九年（平成十一年）という年は、広島県の教育界にとっては激動の年であった。

前の年、広島県教育委員会は文部省の是正指導を受けて、校長を中心とした学校運営ができるようにと、次々と改善策をうちだしていた。その中の一つとして、卒業式における国旗の掲揚と国歌の斉唱を強く指導した。それに激しく反発する組合と教育委員会との間に立って、どこの学校の校長も苦労していた。もちろん大田小学校もその例外ではない。そういう状況の中で、大田小学校のすぐ隣にある世羅高等学校の石川校長が自殺するという痛ましい出来事があり、マスコミなどでも「世羅」は注目を集めていた。

不見識と言えば不見識かもしれないが、校長をしているからと言って、私には君が代を斉唱しなければならないという信念などは持ち合わせていなかった。が、どう考えてみても実施することは避けられない状況で、どうせやらなければならないのであれば、校長がぐらぐらとあいまいな態度を取り、期待を持たせるようなことをしてはならないとそう思っていた。

それに、これはどうせ力と力の対決なのだから、代理戦争をして現場に混乱を持ち込むことだけは避けなければならない。そして、どんな形にせよ血を流してはいけないと、ただそれだけが気がかりであった。これは、当時どこの学校の校長もそう考えていただろうと思う。にもかかわらず、現実にはかなりの混乱があった。その象徴が世羅高校だったわけである。

大田小学校の卒業式は、六回の公開研究会の頃からの伝統で、卒業生を正面にして列席者のみんなが対面し、合唱を中心として構成されたとても感動的なものである。その卒業式で歌う曲は、先生がみんなで分担して指揮やピアノ伴奏を行う。だから、新卒の先生や音楽の苦手な先生であっても、指揮を受け持つと、全校児童に最初から歌の指導をしなければならない。が、その中で君が代斉唱についてだけは抵抗があり、誰も手を挙げるものはいなかった。

その議論の中で私は、こういう「乱世の時代」こそ教師の主体性が問われる。何かの機関から出される誰かの考えを受け売りして、その考えだけが正しいと考えるようなそんな教師であってはならない。常識に基づいて自分の頭で考え、自分のことばで話すことのできる教師になってほしいと先生方に話した。これは私についても言えるわけで、私も教育委員会から出される資料そのままに話はできないということであった。

そういう私の話もいくらか作用したのかもしれないが、主要には、校長会長という私の立場や、間もなく退職を迎えるということが考慮されたのであろう、全校児童には私が話をし、私が君が代を教えるという条件付きで君が代の斉唱を実施することに決まった。

私としては、とりあえず「国歌斉唱」を式次第に入れて実施するということだけが問題であったから、伴奏はピアノ伴奏であろうがテープによろうが、そんなことは大した問題ではなかった。だが、教育の問題として、次のような話をした。

「ピアノ伴奏であろうがテープによる伴奏であろうが、それは先生方の判断に任せます。ただ、君が代とは関係なく、教育の問題として知っておいてもらいたいのは、テープ・

レコーダーという機械は、子どものリズムとか呼吸とかに合わせて伴奏してくれるわけではないので、子どもの力を引き出すことはできません。まして指揮がないとなれば、テープでは歌い出しのタイミングがずれて、歌えないでしょう。

ということは、ピアノ伴奏をする場合には、子どもがたっぷりと息を吸い込んだのを見計らって、出だしの音を引いてやらなければならないということでもあります。

だから私は、子どもが持っている力を発揮し、満足感を持たせるためには、ピアノ伴奏でなければだめだと思っています。

これはあくまでも教育の問題であって君が代とは別の問題ですから、ピアノ伴奏にこだわるというわけではありません。」

そう話した後で卒業式の予行を迎えたわけだが、そのときはテープの伴奏で君が代の斉唱を行った。ところが、私の言った通り途中から歌がばらばらになり、ついには歌が止まってしまった。

「子どもに恥をかかせないことを中心に考えましょうや。」

私のその一言で、練習のときにピアノを引いてもらった先生がすぐにピアノについた。今度は、誰もが驚くほどの大きな声で子どもたちは歌い切った。

結局、卒業式当日、郡内では大田小学校だけがピアノ伴奏で君が代の斉唱を行った。

テープ・レコーダーという機械は子どもの力を引き出すことはできない。これは教育の原則である。こうした混乱の中であるにもかかわらず、大田小学校の先生は、また一つその原則を自分のものとして身につけることができた。大田という環境の中で教育を学び、実践者としての道を歩んでいるから、こういう混乱の中でも子どもに寄り添ってものを考えることができるのだと思うと、嬉しかった。

組合の中では、おそらく大田小学校の選択は組合の機関決定から後退していると批判の的であったであろうし、大田小学校の先生方は肩身の狭い思いをしたに違いない。先生方を取り巻くそういう厳しい状況の中で、組合員である前に教育者であることを選択した大田の先生を私は誇りに思うのであった。

ところで、世羅高校の出来事もあって、国旗国歌の問題は、保護者の間でも大変大きな関心を呼んでいた。にもかかわらず、保護者に入る情報というのは、マスコミの報道による断片的なものに限られていた。今、学校の中ではどんなことが問題となっており、どんな議論がなされているのかということについては、中学校や高等学校など肝心の学校からは何も知らされていないようであった。

だから私は、年度末のＰＴＡ総会の挨拶で、広島県における国旗国歌の問題についてのいきさつや対立点などについてできるだけ詳しく説明し、その上で、大田小学校の、というよりは私の取ろうとする姿勢を明言した。私としては、県教委と組合の両方の立場をできるだけ私情を交えずに話をしたつもりではあったが、保護者の中にはいろいろな立場の人もあり、中には学校の先生もいたので、あるいは私の話が一方に偏しているとクレームが付きはしないかと心配もした。

だが、私のこの話は、保護者の間ではおおむね好評であった。

総会が終わって保護者とすれ違うと、

「今まで学校の中の様子はまったく見えませんでしたが、今日の校長先生の話で、学校の中でどんな議論が行われており、なぜ世羅高校の出来事が起こったのかということがよく分かりました。」

「今までは学校の先生はなんでこれぐらいのことで大騒ぎをしなければならないのかと思っていたんですが、親ももっと学校のことに関心を持たなければならないと思って聞かせてもらいました。」

「大田の先生はしっかりとした自分の考えを持っておられるということがよく分かったので、親としては安心できます。」

などと次々と言ってもらったし、中にはわざわざやって来て、

「親はみんな応援していますから、校長先生の思う通り、何でも思い切ってやって下さい。」と応援してくれる人もあった。

それればかりか、私のこの時の話はあちこちの保護者の職場でも話題になったようで、大田小学校とは関係のない思わぬ人から好意的な声をかけてもらうことも度々あった。

学校でも情報公開ということがよく言われるが、このことからも、保護者にはできるだけ正確な情報を伝えるということは確かに大切であると思う。しかし、校長の果たす役割というのは、ただ単に情報を伝えるということだけではないような気もする。

保護者への私の話はいつの場合でもそうであるが、教育というものはどういうものであるかということが分かってもらいたいと考えて話をしてきた。この時も私は、次のような組み立てで話をした。

「君が代が歌えるようにすることはこれから国際人として生きる子どもたちのためであるという文部省の言い分も、子どもの命と思想信条を守るために君が代に反対するという組合の言い分も、どちらも子どもの『教育』のためだと考えて言っていることなのです。だから『教育』ということばにはさまざまな考え方があるということです。だが、私から言わせると、そのどちらも『教え込み』であって、子どもの本来持っている力を引き出すという教育の営みではありません。

教育という仕事でしなければならないことは、究極的には、子どもたちに、混沌とした中から問題の本質を読み取る力をつけてやることです。自分の頭で考え、自分の言葉で語れる力をつけてやるところまでが教育の仕事なのです。このような本当の学力をつけてやりさえすれば、子どもたちは自分の力で良いか悪いかを判断するようになるでしょう。どう判断しようとそれは子どもの問題なのです。だから私は、君が代が良いとか悪いとかということを覚え込ませることが教育であるとは思っていません。今はこんな混乱した時だからこそ、自分の頭で考えることのできる子どもに育つことを願って、地道な営みを積み重ねなければならないのです。大田小学校の先生はそう考えて、こんな時でも子どもを育てる仕事を大事にし、情熱を傾けているのです。」

一つずつ具体的な例をあげながら、だいたいこういう内容の話をした。

今考えてみると、保護者の中にもさまざまな考えのある中で私の話が受け入れられたというのは、要するに、校長の話というのは、どんなに拙いものであっても、自分の考える「教育」が根底にありさえすれば、必ず保護者の理解を得ることはできるし、支持してもらえるということではないだろうか。

そうは言っても、この問題については、すべてがうまくことが運んだわけではない。

その後、保護者の中から、校長の考えを聞かせてほしいという人が他にもいるので話し合いの機会を設けてくれないかという要請があった。その要請を受けて数人の保護者と話し合いを持ったのだが、その話し合いはまるで組合交渉のような感じで、大田小学校でしようとしている教育の話とはまったくかみ合わなかった。

組合か何かから出される論理だけが正しくて、それを理解しないものは悪であるように言われると、それはテレビの水戸黄門で「この紋所が目に入らぬか」と言って印籠を振りかざすのと同じように思われて、とうてい私の体質が受け入れるものではなかった。自分の考えが「絶対」であると考えることがどれほど危険なことなのか。自分ではいくら正しいと思っていても、自分の考えはたくさんある考え方の中の一つにすぎないのである。私の頭の中では「傲慢」ということばが躍っていた。

百歩ゆずって、たとえ自分の考えに分があったとしても、PTA総会での校長の話を聞かなかったのであれば、一歩引くのが世間の常識というものである。そして、世羅高校の問題が起こって世間の注目を浴びている最中ならば、もっと世間の動向を見極めて行動するのが常識人としての取るべき態度ではないのか。そんな世間の常識から離れたところで「借り物のことば」を並び立てていると思うと、自分のことのように腹が立ってきて、自分の方がみじめになってくるのであった。

こういうのを笑って見過ごすことのできない私は、その話し合いでどんな風に話せば良かったのかと考えるとなかなか寝つかれず、二、三日後胃カメラを飲むと、大きな潰瘍ができていた。

こうして、私としては最悪の体調の中で卒業式を迎えた。

だが、君が代だけが注目を集めるというそんな雰囲気の中で、それとは質の異なる、極めて感動的な卒業式をすることができた。来賓の人たちや保護者の方から、「さすがに大田小学校ですね。」とか、「こうして子どもの力をまっとうに引き出す大田の教育が、本来あるべき教育の姿ですよね。」などと言ってもらえたことが、とりわけ嬉しかった。私たちの仕事というのは、理屈を並べるのではなく、「子どもを見て下さい」とまず事実を作ることが先決である。卒業式に向けて、そういうところでみんなが一つになれた大田小学校を誇りに思った。

ただ一つ、私の式辞については「最後の式辞」という感慨などはまるでなく、全く別の緊張感のためにしどろもどろに終わってしまったことが残念と言えば残念であった。

そんなわけで、卒業式が終わった後もどういうことが起こるか予想もつかないような状況であり、最後まで緊張したまま退職の日を迎えなければならなかった。

満月のもとで

一九九九年（平成十一年）三月三十一日午前十一時。教育委員会で退職辞令の交付。前夜の担任の先生と一緒の家庭訪問で実質的には大田小学校長としての仕事を終えていたが、辞令を受け取ると、急に身も心も軽くなったような気がした。それに、私を支えて下さった多くの方たちからお祝いの花や電報を次々と頂いて、何か自分がとてつもなく大きな仕事をなし終えたような、そんな錯覚に陥るのであった。

電話もたくさんの方から頂いたが、広島県教育会世羅支部の事務局長をしておられる黒木武彦さんからも頂いた。

「山内先生、退職おめでとうございます。ほっとされたでしょう。もう後三時間ほどありますが、長い間ご苦労さんでしたなあ。今まで緊張して仕事をしてこられたんでしょうから、やめたとたんに気が抜けたようになって病気にならんよう気をつけて下さいよ。」

この電話をもらって「後三時間」というのが妙に重くのしかかってきた。それまではほっとした気持ちの方が強かったが、「校長として責任を持ちたくても、後三時間ほどしか責任を持つことができないのだ」と思うと、自分が必要とされない人間になったような気がして、妙に寂しくなるのであった。「校長」としてのこの三時間は、私にとってはとても大切な、貴重な三時間であるような気がした。

「よし、四月一日午前零時までは大田小学校の校長として『大田小学校』を見届け、それで自分の気持ちに区切りをつけよう。」

そう思って晩酌もしなかった。


大田小学校の運動場で午前零時を迎えるために、妻と一緒に出かけた。雲一つない空であるにもかかわらず、星は目に留まらなかった。冴え渡った満月の月明かりで、まるで真昼のような明るさだったからである。

校門の石柱の前に立つと、初めて大田小学校の校内研修に参加させてもらったとき、旧校舎の玄関先で斎藤先生に追い返されそうになったことを思い出した。斎藤先生のあの声が聞こえてくる。木造校舎のあの玄関が、あの校長室が私にとっての「大田小学校」である。その「大田小学校」と惜別するような気がして思わず胸が詰まってきた。

そこで急いで北校舎の裏に回った。そこは、文化祭か何かの打ち上げで高校生がバーベキュー・パーティーをしていたところである。あの時、夜中の三時頃までかかって妻も一緒に片付けをしたあの光景が思い浮かぶ。そう言えば、あの晩も満月であった。

校舎を回って運動場の真ん中に来たとき、校舎の時計はちょうど十二時を指していた。

「おい、これで終わったで。いよいよ終わりじゃ。」

「ご苦労様。」

月明かりが私の感傷を増幅するのか、子どもたちのあの澄みきった歌声が、私の耳に聞こえてくるような気がした。えっ、と思って体育館の窓に目をやると、ひたむきに歌う子どもの横顔が目に浮かんでくる。六回の公開の時も、出張に出かける時も、子どもの歌声に魅かれてそっと眺めたあの窓である。あの歌声とも、あのひたむきな横顔とも、もうお別れである。

「ああ、とうとう終わった。」

そう思うと、じわっと涙が浮かんできて、体育館も校長室も、霧の中にかすんだようになってくる。すると今度は、体育館からも、教室の窓からも、「空」を歌う子どもたちの声が、確かに、そう、確かに私の耳に響いてきた。

いにしえの
ゆかりの　さとの
空　青く澄む

ここに　生まれ
ここに　育つ
われらの　よろこび

ああ　うるわしの　山河
うるわしの　空
ここに学ぶ　われらの　よろこび

わが　さとを
かこむ　山々

あたたかく
見守る　日頃

なお　遠く　あまかける

われらの　のぞみ
いにしえの
ゆかりの　さとの
空　青く澄む

この子どもたちの歌声に送られて、今私は大田小学校を去っていく。

私の心にはただ感謝の気持ちだけで、もう思い残すこともなければ、何の未練もない。この澄みきった満月の空のもとで大過なく仕事を終えることができるということは、大田小学校と出会い、大田小学校で最後を迎えた三十六年間の教師生活が、この上なく幸せであったということを象徴しているように思われて、非常に晴れ晴れとした、実にすがすがしい気持ちであった。

さようなら、大田小学校。さようなら、子どもたちよ。

あとがき

現役で実際に仕事をしている時には何とも感じなかったことだが、仕事を離れてみると「校長という仕事は、とても大変な仕事だったんだなあ。」とつくづく感じさせられる。

実は、退職辞令をもらった翌日、私は山陰に出かけて行ってゴルフに興じたのだが、あろうことか、この日生まれて初めて八十を切って、七十九のスコアで回ることができた。常に心の中に引っかかっていた何かが取れて、ただ目の前のボールに集中することのできる快感を味わうような、そんな思いがしたものである。

また、校長時代には毎年二回は飲んでいた胃カメラを、一年が過ぎても、まだ一度も飲むことはない。それほどに校長という仕事は大変な仕事なのだと、そう思っている。

そんな私の思いから、少しでも現職の校長さんたちの参考になることがあればと思いながら筆をとった。学校にはそれぞれの歴史があり、条件がみんな違うわけだから、この内容がどんな意味を持つのかそれは分からないが、ほんのわずかでも役に立つことがあればとその場の雰囲気が伝わるように書いたつもりである。そして、私の勝手な考えではあるけれど、校長としての私の胸の内を可能な限り詳しく書いてみたつもりである。

ところで、表紙などの絵は、大田小学校の二年生の子どもが私を描いたものである。これを描かせた桶本直子さんは若い新採用の先生で、同じ二年生の担任だった大河妙子さんに相談に乗ってもらって描かせたものである。私は、こんなところにも大田小学校の懐の深さが現れているような気がしている。

この桶本直子さんがそうであるように、若い先生たちは大田小学校という恵まれた環境の中で力をつけ、教師として育っていく。そのために、みんなへそを出して学び、それこそ血のにじむような思いで努力を重ね、勉強している。

大田小学校で育った先生が、こんな自分の若い時を振り返って、時には「厳しかった」とか「大変だった」と言うことがある。それは、若い時には自分もこういう思いをしながら学んできたんだと自分で自分を誇るつもりで口にすることなのだが、実際に大田小学校を知らない先生にとっては、その言葉どおりにしか受け取れない。それが大田小学校に対する批判や非難となって降りかかってくるという側面も確かにある。

そういう諸々の条件の中で、なお学校であり続けようとみんなが一つになって実践に立ち向かう大田小学校というのは、やはり素晴らしい学校である。大田小学校がつぶれたら世羅郡の教育は駄目になる。誰もがそう思うような学校を最後に三十六年間の教職生活を終えることができたということの幸せを、文章にすることで改めて感じさせられた。

私は現在、三原市にある私立の如水館中・高等学校に専任講師として勤めさせてもらっている。週十八時間の授業やバスケット部のコーチとして、とても忙しい毎日ではあるが、充実した生活を送っている。如水館高校の硬式野球部を目標にして、インターハイを夢見ながら老春（?）を楽しんでいるからであろうか。それとも体育館や教室で自称「美女」たちに取り囲まれているからであろうか。街で出会う人みんなから「若くなった」と言われて、年を取る暇もないし、その気もない。

そんなわけで、なかなか筆をとる時間が取れず、原稿の完成までとうとう一年もかかってしまった。一莖書房の斎藤草子さんの後押しがなければ、とてもではないが完成しなかったであろう。

最後に、この本では実名で書かせて頂いた。いろいろと悩みはしたけれど、結局、許して頂けるだろうと勝手に甘えさせて頂いた。津久志小学校や大田小学校で一緒に仕事をした方々などにはこの場を借りてお許しを願う次第である。

二〇〇〇年六月三十日

〈著者紹介〉

山内宣治（やまうち・のりはる）

広島市南区に出身。昭和13年（1938年）５月生まれ。四人兄弟の長男。小学校１年生の時に丹那町の自宅で被爆する。広島大学教育学部附属東雲中学校、広島県立広島皆実高等学校を卒業の後、昭和34年同志社大学文学部に入学、国文学を専攻する。学生時代は中学校から始めたバスケットボールに熱中して過ごす。

昭和38年、大阪府豊能郡能勢町立東中学校を出発として教職に就く。ここで斎藤喜博先生と出会ったことで後に大田小学校と出会うこととなり、以後、サークル活動をするなど授業の道を志す。更に三原市立第五中学校、尾道南高等学校、県立本郷工業高等学校、世羅町立世羅中学校などに勤務。県駅伝大会で三原五中を優勝に導いたり、世羅中ではバスケット部が地区大会で男女ともに９年連続優勝、県大会でも優勝して中国大会に出場するなど、スポーツの面でも活躍する。そして、平成元年に甲山町立甲山中学校教頭、平成５年６月には世羅町立津久志小学校長になり、世羅郡小・中学校校長会長などを歴任の後、平成11年、世羅町立大田小学校長を最後に36年間の教職生活を終える。

公立学校を定年退職の後、現在は三原市にある私立の如水館中・高等学校の専任講師として勤務。

現住所：広島県世羅郡世羅町本郷784－３

わたしの校長奮闘記 —斎藤喜博に魅せられて—

2000年８月１日　第１刷発行
2000年11月15日　第２刷発行

著　者　山　内　宣　治
発行者　斎　藤　草　子
発行所　一　莖　書　房

〒173-0001　東京都板橋区本町 37-1
電話　03-3962-1354　FAX　03-3962-4310

組版／田口整版　印刷／扶桑印刷　製本／大口製本

ISBN 4-87074-112-1　C3037